Bulgarien
Antike Stätte
Ruine, Tempel, Theater
Kirche, Kloster, Moschee
Burg, Festung
Brücke
Museum
Historische Ortschaft
Berg
Nestos
Xanthi
Komotini
Thrakien
Philippi
Kavala
Strymon
Ebros
Pella
Thasos
Alexandroupolis
THESSALONIKI
Samothrake
Chalkidike
Ouranopolis
Karyes
Daphni
Athos
Golf von Therme
Limnos
Myrina
Ambelakia
Ägäisches Meer
Nördliche Sporaden
Makrinitsa
Pelion
VOLOS
Golf von Pagassitikos
Skiathos
Skopelos
Alonissos
Molyvos
Sigri
Mytilini
Lesbos
Türkei
Lamia
Edipsos
Euböa
Skyros
Linaria
Delphi
Böotien
Hosios Lukas
Chalkis
Eretria
Theben
Parnes
Attika
Korinth
Megara
Eleusis
ATHEN
Piräus
Salamina
Salamis
Kanal
Saronischer Golf
Nemea
Mykene
Tiryns
Ägina
Epidauros
Nauplia
Poros
Hydra
Episkopi
Spetses
Kap Sounion
Stira
Karystos
Chios
Nea Moni
Mesta
Andros
Gavreion
Korthion
Tinos
Chora
Korisia
Kea
Mericha
Kythnos
Syros
Hermoupolis
Mykonos
Delos
Südl. Sporaden
Samos
Vathy
Pythagoreion
Armenistis
Aghios Kyrikos
Ikaria
Arki
Skala
Patmos
Lipsi
Leros
Lakki
Kalymnos
Pothia
Kos
Asklepios
Kephalos
Kykladen
Serifos
Paros
Naxos
Sifnos
Apollonia
Kimolos
Milos
Flakopi
Sikinos
Ios
Pholegandros
Katapola
Amorgos
Santorin
Thira
Anafi
Astypalea
Mandraki
Nisyros
Symi
Kastellorizo
Rhodos
Ialysos
Kamiros
Lindos
Chalki
Dodekanes
Gythion
Monemvasia
Kotronas
Lakonischer Golf
Elafonissos
Neapolis
Kythera
Kapsali

GOLDENES GRIECHENLAND

GOLDENES GRIECHENLAND

Die Inseln

Texte von Costis Vrettacos
Aufnahmen von Emmanuela de Nora

Bruckmann München

Umschlagvorderseite:
Milos, Aghia Sofia

Umschlagrückseite:
Skiathos, Meeresbrandung

Übersetzung aus dem Griechischen von
Reinhard Forst

Herstellung: F. Bruckmann KG, München
Graphische Kunstanstalten
Printed in Germany
ISBN 3 7654 1699 1

Inhaltsverzeichnis

Einleitung

Eine antike Sage berichtet, daß eines Tages über der Ägäis ein Gott vom Himmel stürzte und seine Gliedmaßen sich im Meer zerstreuten. Die größten wurden in Richtung Afrika und Asien geschleudert und bildeten die Inseln Kreta, Zypern, Rhodos, Samos und Lesbos; weiter nördlich entstanden die Sporaden: Skyros, Skiathos und Alonissos; mitten in der Ägäis verblieben die Kykladen; einige Glieder schließlich fielen ins Ionische Meer. Die Geographen zählen etwa zweitausend Inseln, von denen ungefähr hundert bewohnt sind. Die meisten sind nicht mehr als Felsbrocken und Erdkrümel im weiten Meer, auf keiner Landkarte verzeichnet. Was wären jedoch die Geschichte, die Mythen, die antike Welt insgesamt ohne diese Felssplitter!

Traum des an die Erde gefesselten Menschen: Ikarus. Traum des an Felsen gefesselten Menschen: Odysseus, der zehn Jahre seines Lebens sich im Zaubergarten der meerumspülten Inseln verloren hat. Die Verzauberung hält bis heute im Erlebnis an: des nachtblauen Meeres, grau und grün aufschimmernder Inseln, die im Näherkommen sich in bunten Hafenbuchten öffnen und in hangwärts kletternden weißen Dörfern aufglänzen, im Anblick steiler Vorgebirge und hoher Berge, grüner fruchtbarer Täler, weiter Ebenen und sandiger Strände. Und in diese gegenwärtige Welt ist eingebettet ihre uralte Vergangenheit bis zurück ins dritte Jahrtausend: Bauten und Bildwerke, Mythen und Gesänge, Signale aus Jahrhunderten voll heroischem Glanz und menschlichem Elend, die den dafür Empfänglichen zu nachdenklichen Träumereien verführen.

In diese Inselwelt können wir heute mit Flugzeug und Boot in wenigen Stunden eindringen. Wer einzig nach der Illusion paradiesischen Ferienglücks trachtet, wird sie dort ebenso finden, wie der nachdenkliche Tourist zu der Einsicht kommt, daß das Leben der Inselbewohner nach wie vor aus harter Arbeit und Mühe besteht.

Emmanuela de Nora

Blick auf den Hafen von Mykonos mit seinen vielen Schiffen, Fischerbooten und Yachten.

Folgende Seiten:
S. 8 Die Kirche Aghios Ghiorghios auf Astypalea, die auf den Resten des antiken Tempels innerhalb der Festung, dem Kastro, errichtet wurde. Das Kastro selbst ist heute unbewohnt.

S. 9 Diese auf einem Hügel oberhalb der Hafenstadt Aghia Marina auf Leros erbaute Festung beherrscht durch ihre Monumentalität die ganze Insel und bietet einen weiten, freien Blick über das Meer. Wie alle Festungen auf den Dodekanes-Inseln, wurde diese vor Jahrtausenden als strategisch wichtiger Stützpunkt errichtet, um die Überfälle der Feinde abzuwehren. Im 14. Jahrhundert wurde sie von den auf der Insel seßhaft gewordenen Rittern des Johanniterordens so umgebaut, wie wir sie heute noch in den Restmauern besichtigen können.

Das griechische Meer

Eine Verlockung für den modernen Odysseus

Als ich über die griechischen Inseln schrieb, sagte mir ein Freund, der schon seit vielen Jahren weit entfernt von seiner Heimat lebt: »Du mußt aufhören, wie ein Grieche zu denken. Ihr dort unten (in Griechenland) seid sentimental. Ihr lebt in Vorstellungen, die niemanden außer euch interessieren. Ihr reist gewissermaßen auf dem Rücken einer riesigen Schildkröte, während über euch die Super-Jets die Entfernung abschaffen und damit selbst Epochen in wenige Stunden raffen. Der Fremde, der ein Buch über griechische Inseln liest, sucht darin Landschaften, von denen er träumt und denen er in seinen Ferien begegnen möchte. Er will nicht, daß du ihm seinen Traum zerstörst. Mach dir klar, daß eine Insel heutzutage nicht ein Stück Land ist, das vom Meer umspült wird, sondern ein Strand, der soundsoviel Flugstunden entfernt ist.«

Es gibt viele, die diese Ansicht teilen, und ich führe sie an, weil ich sie für falsch halte. Sie ist oberflächlich und gibt weder die Meinung des heutigen Lesers noch des Reisenden wieder, der beschließt, seine Ferien in einem Land zu verbringen, dessen Landschaft und Kultur von dem seinen verschieden sind. Der Eindruck, den ich in den letzten Jahren gewonnen habe, in denen ich mich mit vielen ausländischen Freunden Griechenlands unterhielt, war genau der entgegengesetzte. Es sind nicht so sehr die Ferien, die sie dazu drängten, ein anderes Land kennenzulernen, sondern die Neugierde, unbekannten Landschaften zu begegnen und an einer Lebensart teilzuhaben, die anderen Gesetzen unterliegt als den ihren. Sie unterscheiden genauer als die Einheimischen das Echte vom Unechten, und der Super-Jet wird nur benötigt, sie möglichst schnell auf den Rücken der Schildkröte zu bringen. Wenn man vom griechischen Meer spricht, muß man von den unzähligen kleinen »Schildkröten«-Inseln sprechen, die darin reisen, von der Meerenge von Otranto bis zu den äußersten Küsten Kleinasiens und zum Hellespont. Obwohl klein in seiner Ausdehnung ist der griechische Archipel doch unvorstellbar weit, wenn man seine Inseln umfährt. Dazu reichen nicht die begrenzten Sommerferien, es reichen nicht einmal viele Sommer, wenn man in allen Häfen Anker werfen und zu Fuß Landschaft und Mensch kennenlernen will.

Grüne Inseln oder Inseln nackt wie erloschene Vulkane tauchen aus dem Ionischen und dem Ägäischen Meer auf, mit bunten oder weißen Häusern, deren Helligkeit blendet, Kirchen, die unter dicken Kalkschichten strahlen, die Umrisse flinker Boote, die mit ihren reinen Farben die malerischen Häfen beleben, und ein Licht so reich, daß man meint, es überflute die braunen oder grünen Hänge. In einer Welt, die sich dauernd ändert, bewahrten sie über zweieinhalbtausend Jahre hin die kristallene Klarheit ihrer Namen: Paros, Sikinos, Pholegandros, Ithaka, Serifos, Milos – Namen, deren Musikalität man empfindet, auch wenn man kein Grieche ist.

Die Geschichte ging vorüber, ohne sie mit ihren Feuern zu berühren. Gegenüber von Milos liegt eine der unzähligen unbewohnten Inseln der Ägäis; sie heißt Polyegos. So nennen sie die wenigen Hirten, die ihre Ziegen mit Booten auf die einsame Insel bringen, um sie weiden zu lassen. Mich berührte dieser altertümliche Name, aber ich machte mir nie die Mühe, seine Wurzel zu finden. Das tat ein fünfzehnjähriger Hirtenjunge mit einer Schlichtheit, die aus der Kenntnis von Jahrhunderten herrührte: »Die Alten haben sie so genannt, weil sie viele Ziegen (altgriechisch: aiges, ejes in heutiger Aussprache; heute nennt man die Ziegen meist Ratsikia oder Ratsikes) hatten.« »Die Alten« waren seine Vorfahren, die von Geschlecht zu Geschlecht den Namen fünfundzwanzig volle Jahrhunderte bewahrt hatten.

Getrieben von jener tiefen Neugier, die früher noch viel stärker als heute vom Zauber unbekannter Inseln geweckt wurde, hatte ich mir einmal vorgenommen, im Verlauf meines Lebens alle die kleinen Stücke Land zu betreten, die aus den griechischen Meeren auftauchen. In den vergangenen Jahren war es mir vergönnt, auf Reisen mit großen und kleinen Schiffen oder auch auf einfachen Fischerbooten, unter dem strahlenden Licht der Sonne und oft in Begleitung des Mondlichts, mehr als sechzig Inseln kennenzulernen, auf denen »ein Licht, angezündet von menschlicher Hand, ihre Nächte erleuchtet«. Durch die touristische Förderung bekannt geworden sind heute zwanzig von ihnen (z. B. Kreta, Rhodos, Kerkyra, Mykonos, Skiathos, Kos), während man die übrigen, wie Symi, Astypalea, Sifnos, Kythera, Alonissos, Skyros, Amorgos, Pholegandros, um mich auf die eindrucksvollsten Beispiele der kaum bekannten Inseln zu

▷ *Die Zuschauerreihen des wieder ausgegrabenen antiken Theaters auf Milos, das noch in römischer Zeit erneuert und bespielt wurde, sind auf die blaue Meeresbucht ausgerichtet. Durch die weltberühmte Marmorstatue der sogenannten Venus von Milo wurde der Name der Insel weithin bekannt.*

Folgende Seiten:
S. 12 Frühlingsstimmung auf den Ägäischen Inseln.

S. 13 Mit vollen Segeln von Insel zu Insel auf den glitzernden Wellen des Saronischen Golfs.

12

HATI IV
HATI IV

beschränken, noch suchen muß. Sie kennenzulernen lohnt sich, und zwar wie sie jetzt sind, noch unverfälscht von der modernen Sucht der Veränderung.

Piräus

Der Weg zu den Inseln beginnt im Hafen von Piräus. Früher war er der einzige Ausgangspunkt aller Schiffsverbindungen. In den ersten Nachkriegsjahren verband er nicht nur den griechischen Archipel mit der Hauptstadt, sondern auch eine ganze Anzahl bedeutender Städte des griechischen Festlandes, wie Thessaloniki in Makedonien, Volos in Thessalien und Patras auf der Peloponnes. Der zentrale Landeplatz der Küstenschifffahrtslinien war tatsächlich das Herz des griechischen Meeres. Die Älteren erinnern sich noch an die geräuschvolle Hafenszenerie jener Zeit und an die Namen der Schiffe wie »Elsi«, »Adrias«, »Lutsinda«, »Moschanthi«, deren langjähriger Dienst auf See sie mit zwei Menschengenerationen verbunden hatte. Ein malerischer Ausrufer, der langsam auf der Landungsbrücke entlangging, kündigte mit seiner charakteristischen Stimme die Abfahrt der Schiffe an, und eine Menge von Reisenden, Seeleuten und Hafenarbeitern drängten sich im Stadtuhr-Café, einem sehr schönen klassizistischen Gebäude und Wahrzeichen von Piräus, das dem Fortschritt zum Opfer fiel und an seiner Stelle einen geschmacklosen Springbrunnen hinterließ. Es war der Ort der Begegnung für die, die wegfuhren, und die, die von den Inseln kamen.

In den Jahren, die folgten, verlor der Piräus mit der Entwicklung der Luft- und Landverkehrswege seine einzigartige Bedeutung für die Verbindungen zur See. Viele Linien, wie die nach Nordgriechenland und zum Ionischen Meer, wurden aufgegeben. Fünfzehn Inseln sind heute mit Athen durch eine Fluglinie verbunden, und die Ionischen Inseln (Kefallonia, Zakynthos, Lefkas, Kerkyra) werden zusätzlich durch Buslinien bedient, die den letzten Teil der Reise mit der Fähre von den nahen Festlandküsten besorgen.

Trotzdem bleibt der Piräus weiterhin das Zentrum der griechischen Inseln und das Schiff das bedeutendste Verkehrsmittel für die Kykladen, Kreta, den Saronischen Golf, die nördlichen und östlichen Sporaden und den Dodekanes. Die Ägäis ist immer eng mit der Herrschaft Poseidons verbunden, und es gibt viele abseits liegende Inseln, für deren Bewohner das Schiff die Rolle eines Schutzengels spielt. Es läuft sie ein- oder zweimal in der Woche an und ist die einzige Brücke ihrer Einwohner zum Festland. Es bestimmt den Rhythmus ihres Lebens und ist existentiell mit ihnen verbunden.

Ich bin zufällig Zeuge dieser Verbindung auf Milos geworden, der südlichsten Insel der Kykladen. Obwohl Milos heute nicht mehr zu den abgelegenen Inseln gehört und kürzlich eine Flugverbindung erhalten hat, betrachten die Menschen in den Dörfern das Schiff weiterhin als einzige Verbindung zur Außenwelt. Klima ist ein typisches Fischerdorf, direkt ans Meer gebaut, die Wellen kommen bis an die Häuser heran. Das Erdgeschoß der verschiedenen Wohnhäuser schließt mit einem breiten Holztor und ist zum Schutz der Boote an den Tagen mit hochgehender See bestimmt. Die Einwohner scheinen einem streng mönchischen Leben nachzugehen. Es ist eines der wenigen Dörfer, denen ich begegnet bin, in denen es kein Kafeneion gibt. Der erste Eindruck, den es vermittelt, ist der der Verlassenheit. Es gibt nur eine Stunde im Verlauf des Tages, in der man die Menschen auf die hölzernen Balkone ihrer Häuser heraustreten sieht: die Stunde, in der gewöhnlich das Linienschiff hinter dem Kap hervorkommt. Sie scheinen es mit Ungeduld zu erwarten, und wenn es an ihnen vorbeifährt, beginnen sie mit einer fast automatischen Bewegung, ihre bunten Tücher zu schwenken. Die Kinder senden Lichtzeichen mit kleinen Spiegeln, und einer schlägt freudig eine Glocke, die er eigens für diese Begegnung aufgehängt hat. Einige Tage später, als ich mit dem Linienschiff auf offener See am Dorf vorbeifuhr, entdeckte ich, daß es sich um einen wirklichen Dialog handelte. Es war eine Begegnung, die mit gleicher Ungeduld die Seeleute auf dem Schiff erwarteten. Der Kapitän, der mit dem Fernglas zum Land schaute, hatte das Generalkommando, und im passenden Augenblick gab er das Zeichen zur Begrüßung mit den Sirenen. Er schien seine Gesprächspartner persönlich zu kennen und zeigte sich besonders beunruhigt, wenn einer sich nicht auf seinem Platz befand. »Zwei Tage schon zeigt sich niemand im roten Fenster«, sagte er, und später ergänzte er in vertrautem Tonfall: »Es ist, als ob wir uns schon seit langer Zeit kennen. Wenn ich einmal Zeit finde, will ich hingehen, um sie aus der Nähe kennenzulernen.«

Die Bekanntschaft mit dem griechischen Meer und seinen Inseln ist eine der reichsten Erfahrungen, die man gewinnen kann. Man bewahrt vielfarbige Bilder und Gesten menschlicher Zuneigung, die innerlich berühren und mit Sehnsucht erfüllen, einmal wiederzukehren, um den Dialog mit dieser schlichten und doch reichen Welt fortzusetzen. Die Leute schenken dir ein freundliches Lachen als Gegengabe für eine Fotografie, die du mit ihnen und dir in der Stunde des Abschieds machst. Unzählige Fotografien, bei denen du einmal mit einem gewissen Schuldgefühl entdeckst, daß nicht alle bei ihrem Empfänger angekommen sind. Ich erinnere mich an einen solchen Fall bei einem Hirten auf Kreta, der mir auf dem Psiloritis (der Berg Ida) einzigartige Worte seiner Volksweisheit schenkte. Als ich ihm den Vorschlag machte, uns gemeinsam fotografieren zu lassen,

Im Trockendock in der Nähe des Haupthafens Pothia auf Kalymnos sammeln sich die zahlreichen Boote der Schwammfischer, um für die nächste lange Ausfahrt präpariert zu werden. 14

ΔΗΜΗΤΡΙΟΣ λχ 551

sagte er zu mir: »Wozu denn? Auch du wirst mich vergessen, wie so viele andere. Dieser Berg ist sehr weit. Ihn erreichen die Fotografien nicht. Aber was bedeutet das? Als du mich nach der Adresse fragtest, meintest du, daß du mir die Fotografie schicken würdest – nicht wahr? Lassen wir uns also fotografieren. Ich werde mich an dich erinnern auch ohne sie.« Die Fotografie kam nie am Psiloritis an, aber das Bild blieb. Und was mehr im Leben zählt, ist, daß in der Erinnerung lebendige Bilder bleiben, die ohne Gegenleistung dein Herz berühren.

Delos

Nach der griechischen Mythologie wurde das Licht in der Ägäis geboren. Im Zentrum dieses Binnenmeeres, auf einer unfruchtbaren, winzigen Insel, auf Delos, brachte Leto die Frucht ihrer widerrechtlichen Liebe mit Zeus auf die Welt: den lichtspendenden Gott Apollon. Viele werden sich fragen, warum gerade auf Delos, deren ungastliche Erscheinung in Widerspruch zu ihrem Ruhm steht. Die alten griechischen Mythen verbergen hinter der dichterischen Interpretation, die sie den verschiedenen Phänomenen geben, eine außerordentliche Genauigkeit in ihrer Auswahl. Die den Griechen bekannte Welt, in der sie alle Ereignisse ihrer mythologischen Schöpfungsgeschichte ansiedelten, erstreckte sich auf das Festland und die Inseln des Archipels. Das Licht strahlt an keiner anderen Stelle so blendend wie auf den Kykladen. In diesem Bereich ist der Sonnenaufgang so phantastisch, daß er der wirklichen Geburt eines Gottes gleicht. Ich habe oft den Platz des ersten Eingeweihten im Kult Apollons eingenommen und gesehen, wie die Welt aus der Nacht geboren wird. Wenn das Dunkel zu weichen beginnt, füllt sich der Raum mit kristallisch weißem Licht, das der Landschaft mythische Dimensionen verleiht. Das Meer beginnt sich am Horizont zu röten wie ein weit entfernter Waldbrand. Plötzlich birst dieser Kristall, und aus seinem Innern verströmen Myriaden von Farben. Das Erwachen der Natur scheint herrliche Klänge zu erzeugen, während aus der Tiefe des Meeres die Sonne wie eine Feuerkugel aufsteigt. Der Gott Apollon wird jeden Tag in der Ägäis geboren, und diese Sonnenaufgänge gehören zum Eindrucksvollsten, was man in diesem Meer sehen kann.

Die Seeleute nehmen ihre Kinder, wenn sie vier bis fünf Jahre alt sind, eines Tages im Boot mit und tauchen sie zum Schwimmenlernen ins tiefe Wasser. Die Kleinen schlagen zunächst verzweifelt mit Händen und Füßen, schlucken auch einiges Wasser, aber plötzlich überwinden sie die Angst und fangen an, sich wie Frösche im Wasser zu bewegen. Eine vergleichbare Erfahrung macht derjenige, der die Ägäis nicht kennt und mit ihrer Erforschung von Delos aus beginnt. Wenn er im Sommer das Schiff nimmt, das von Piräus nach Mykonos fährt, wird er sich auf Deck inmitten eines babylonischen Völkergemischs um einen Platz drängen und häufig seinen Tribut für Poseidon entrichten müssen, der in diesen Breiten die Angewohnheit hat, die Fremden mit einem Wellengang zu empfangen, der das Schiff oft bei Windstärke 7 tanzen läßt.

Die Überfahrt nach Delos erfolgt mit kleinen Booten, die vom Hafen Mykonos abfahren, wenn es das Wetter zuläßt. Die Zeit der Überfahrt schwankt zwischen einer dreiviertel Stunde und eineinhalb Stunden. Sie hängt von den Meltemi-Winden ab, die in der Regel im August wehen, sich aber nicht pedantisch an den Kalender halten.

Wenn man auf Delos ankommt, erhält man einen Eindruck davon, was »nackte Insel der Ägäis« bedeutet. Sie hat kein Wasser, und weder Bäume noch sonst ein Schatten schützen vor der brennenden Sonne: eine tote Stadt, die einst mehr als 30000 Einwohner zählte, auf einer Erde, die in tiefem Ocker widerstrahlt. Den Antikenverehrern, die auf die Insel Apollons kommen mit der Absicht, zu einem der repräsentativsten Heiligtümer der griechischen Kultur zu pilgern, vermittelt die karge Landschaft des griechischen Pompeji, wie Delos genannt wird, einen zusätzlichen Akzent der Großartigkeit. Für die anderen, die Mehrzahl, die sich zur Fahrt mit dem Boot nur aus Neugier entschlossen haben, ist der Aufenthalt auf der Insel eine Prüfung, und nicht wenige bezweifeln die Weisheit der alten Griechen, was ihre Ortswahl betrifft. Nachdem sie sich vor den weltbekannten Marmorlöwen haben fotografieren lassen, denken sie nur noch an den Zeitpunkt der Rückfahrt nach Mykonos. Viele behaupten, daß Mykonos seinen Ruhm der Nachbarschaft mit Delos verdanke. Aber die Tatsache, daß sich höchstens ein Zwanzigstel derer, die in Mykonos ankommen, zu einem kurzen Besuch der heiligen Insel entschließt, zeigt, daß sich in unseren Tagen der Begriff der Heiligkeit verändert hat. Die heutigen Pilger der Kykladen haben zu ihrem Zentrum Mykonos erwählt, das wohl die beliebteste Insel Griechenlands ist. Doch wenn sich auch die Kriterien geändert haben, lohnt sich die Mühe, eine Reise in der Ägäis von Delos aus zu beginnen. Das ist kein symbolischer Anfang, sondern ein erforderlicher Versuch, die ägäische Kultur zu verstehen, die in ihren grundlegenden Strukturen bis in unsere Tage fortdauert.

◁ *Chania, die Hauptstadt Kretas, mit ihrer venezianischen Hafenkulisse.*

Folgende Seiten:

S. 18 Eine typische Dorfgasse auf Milos: Die weißgekalkten Häuser sind treppenartig an den Hang gebaut, dazwischen wuchern Blumen und Pflanzen verschiedenster Farben und Arten; ein Topf mit Tomatensauce steht auf der Steinmauer und wird von der Sonne warm gehalten.

S. 19 Auf kurvenreicher Straße, mit herrlichen Ausblicken auf das Meer, führt der Weg zum nördlichen Teil der Insel Kefallonia. Abseits dieser Hauptstraße erreicht man den Ort Assos und seine Bucht (unser Bild).

Die Geschichte von Delos verliert sich im Mythos. Wie es scheint, haben die Griechen sie seit den ältesten Zeiten als heilige Insel betrachtet. Von den Ioniern wurde sie zum religiösen Sitz ihres Bundes gemacht. Ihren großen Ruhm und auch die bedeutendsten antiken Heiligtümer erhielt sie nach den Perserkriegen. Ihre geographische Lage, genau in der Mitte des Meeres, das das festländische Griechenland von den kleinasiatischen Küsten trennt, und der windgeschützte Hafen spielten offenbar eine bedeutende Rolle. Die Seemacht dieser Zeit, die Athener, setzten, nachdem sie das Heiligtum Apollons unter ihren Schutz genommen hatten, auf der Insel eine Priesterschaft ein. Sie rechtfertigte die harten Maßnahmen, die in den folgenden Jahren ergriffen wurden. Sie legten ihren Bundesgenossen Steuern auf, die für das Heiligtum Apollons bestimmt waren, aber nach einiger Zeit aus Sicherheitsgründen in der Schatzkammer des Parthenon, der ersten großen Bank der Geschichte, aufbewahrt wurden. Im Jahr 426 n. Chr. erließen die Athener, wie immer im Namen Apollons, ein Gesetz, nach dem Geburt und Tod auf der Insel als Sakrileg betrachtet wurden. Die Gebärenden und die Sterbenden wurden auf die Nachbarinsel Reneia gebracht, um die Befleckung des Heiligtums zu vermeiden. Im Lauf der Zeit wurden die Maßnahmen Tradition und Delos dank seiner religiösen Bedeutung die »unbefestigte Insel« der Ägäis: ein Handelszentrum im wesentlichen, das auch nach dem Niedergang Athens seinen unverletzlichen Status behielt. Delos bewahrte trotz seiner politischen Bedeutungslosigkeit noch über Jahrhunderte seine Stellung als Freihandelszentrum der Ägäis, da es sich die wechselnden politischen Einflüsse zunutze machen konnte – ein einmaliges Phänomen in der Geschichte.

Die Folge der Epochen wird von verschiedenen Denkmälern gekennzeichnet, die einen Zeitraum von sieben Jahrhunderten überdecken. Auf dem Gelände von Delos lassen sich nach den erhaltenen Funden die Aufeinanderfolge der Einflüsse im Verlauf ihrer Geschichte beobachten. An die Stelle der Athener traten die Nachfolger Alexanders des Großen, und so gibt es, noch vor dem römischen Einfluß, Denkmäler, die den Stempel der syrischen und ägyptischen Kultur tragen. Die Insel verlor ihre Bedeutung, als der Glanz des Apollonheiligtums erlosch und die neuen politischen und ökonomischen Bedingungen dem Hafen von Delos seinen geographischen Wert nahmen. Das heutige Bild des ersten griechischen Inselheiligtums ist ausschließlich den sorgfältigen Ausgrabungen der Archäologen zu verdanken.

Pausanias, der Gewährsmann der Archäologen, der in seinen berühmten Beschreibungen (Perigeseis) ausführlich auch von der kleinsten griechischen Siedlung berichtete, hat Delos ausgelassen. So haben wir von dieser Insel nur sehr wenige historische Nachrichten. Die eindrucksvollsten Funde gehören der hellenistischen Zeit an; es sind vor allem Villen reicher Kaufleute.

Nur zwei Standbilder ohne Kopf im Hof einer dieser Villen haben uns die Namen der Besitzer bewahrt. Die Athenerin Kleopatra und ihr Mann Dioskurides verharren in jener lebendigen Ruhe, die der bearbeitete Marmor verleiht. Die Zeit, die Gerechtigkeit zuteil werden läßt, löschte die berühmten Namen der Kaufleute von Delos. An ihre Stelle traten Bezeichnungen nach den Werken der unbekannten hellenistischen Künstler, die die Häuser mit ausgezeichneten Mosaiken geschmückt hatten: »Das Haus der Tritonen«, »das Haus der Masken«, »das Haus des Dionysos« – poetische Bezeichnungen, die das ergänzen, was die Geschichte an künstlerischer Ausdruckskraft erhalten hat. In dieser außerhalb der Zeit liegenden Stadt versetzt die Verbindung von Geschichte, Wirklichkeit und Dichtung den Besucher oft in einen unwirklichen Zustand. Sosehr man sich auch auf dieser wasserlosen Insel bemüht, sich den Heiligen See und den Fluß Inopos vorzustellen, deren Lage mit Bestimmtheit in den archäologischen Führern beschrieben wird – es ist fraglich, ob es gelingt. Gleichwohl wird man es akzeptieren, weil der Zauber dieser Insel darin besteht, daß er jenseits der Epochen und der Realität existiert. Die fünf archaischen Löwen aus parischem Marmor sind das einzige klare Bild, das man bewußt wahrnehmen kann, ohne in Phantasie und Traum zu geraten. Deshalb lassen sich auch alle mit ihnen fotografieren, weil sie eine greifbare Erinnerung an Delos behalten wollen.

Die Heiligtümer von Delphi, Olympia, Epidauros bezaubern den Besucher mit der Schönheit ihrer Landschaft. Das Heiligtum von Delos macht ihn betroffen. Diese eigenartige Insel, die nach der Mythologie einst in der Ägäis schwamm und von Poseidon für die Geburt Apollons verankert wurde, vermittelt den Eindruck, daß sie immer noch reist – und nicht nur sie, sondern alle Inseln, die einen Kreis um sie bilden. Alle Kykladen, die ihren Namen eben von diesem kreisförmigen Schutz erhielten, den sie Delos boten, scheinen im ewigen Spiel des ägäischen Lichts sich in dauernder Bewegung zu befinden. Der Horizont bleibt nie leer in der Ägäis, das ist ihr Zauber und ihre Verlockung. Man meint hinter den Vorgebirgen die Stimmen der Sirenen zu hören und man verwandelt sich in eine Art Odysseus, der Ithaka leicht vergißt, weil er immer mehr Inseln kennenlernen will: zehn, zwanzig, dreißig, vierzig, fünfzig, sechzig. Ein unerschöpfliches kleines Meer, das die ermüdete Sehkraft erneuert und dem modernen Odysseus innere Ruhe schenkt.

Ein Kreter in typischer Festtagstracht des Landes. Mit der Lira, einem dreisaitigen Musikinstrument, das beim Spielen auf das Knie gestützt wird, zieht er zum Dorffest.

◁ *Chora, der Hauptort von Kythnos, erinnert an viele andere Kykladendörfer: enge, mit Schiefer gepflasterte Gassen, die von dicht aneinandergereihten und in ihrem Weiß blendenden Häusern eingesäumt werden.*

◁ *Der Kykladen-Architektur scheinen keine Grenzen gesetzt zu sein: von der einfachen, schlichten Bauweise bis hin zu gewölbten Baukonstruktionen, verwinkelten Gassen mit Bogengängen übt sie immer wieder einen neuen Reiz auf den Besucher aus. Hier eine Dorfgasse auf Kimolos, die von den weißgekalkten Häusern mit den arkadenartigen Durchgängen geprägt wird.*

▷ *Blick auf die Bucht und den kleinen Hafen von Livadi auf Serifos. Im Vordergrund steht eine der zahlreichen spätbyzantinischen Kirchen auf dem Weg nach Chora, dem Hauptort der Insel.*

Die Kykladen

Das weiße Wunder der Ägäis

Vor langer Zeit wählten die alten Griechen Delos als Zentrum des Apollon-Kultes. Delos und seine Nachbarinseln hatten eine hohe Kulturstufe erreicht, die in die Geschichte als Kykladenkultur einging. Von der neolithischen Epoche auf Paros, Naxos, Amorgos und Milos haben wir Beispiele eines örtlichen Kultes, der keine Beziehung zu dem gleichzeitigen kretisch-minoischen hat. Die Idole aus Marmor, die auf diesen Inseln gefunden wurden, stellen lokale Gottheiten, wahrscheinlich Meeresgottheiten, in plastischer Vollkommenheit dar. Der Leierspieler und der Flötenspieler, zwei der bekanntesten Idole (2400–2200 v. Chr.), vermitteln im Archäologischen Museum von Athen einen Eindruck kykladischer Ursprünglichkeit. In Flakopi (Phylakopi) auf Milos erstrecken sich die Funde rund um die neolithische Akropolis über einen Zeitraum von 1500 Jahren, und zwar von 2600–1100 v. Chr. Der letzte Zeitabschnitt stellt den Höhepunkt der kykladischen Kunst von Milos dar.

Die Insel Santorin, die in allen Jahren ihrer Geschichte mit dem Vulkan lebt, stand oft im Zentrum der Diskussionen, in denen man die Lage des mythischen Atlantis zu bestimmen suchte. Die fortgesetzten Vulkanausbrüche, die von Zeit zu Zeit Stücke Land verschwinden und durch die aufsteigende Lava neue Inseln entstehen lassen, standen nach Meinung vieler in Zusammenhang mit dem Absinken großer Landmassen. Dies hatte sich in der Ägäis zu einer unbestimmten Vorzeit zugetragen, aber noch so nahe, daß die mythologische Erinnerung der Völker dieses Meeres das Ereignis bewahrte. Der nachweisbare Ausbruch um 1500 v. Chr., dessen Flutwelle vielleicht auch die Städte auf Kreta vernichtete, wie es die jüngsten Ausgrabungen von Spyridon Marinatos, dem bedeutendsten griechischen Archäologen, nahelegen, belebte die Vermutungen, daß sich hinter Santorin das mythische Atlantis verbirgt.

Beim Dorf Akrotiri auf Thera (wie Santorin mit seinem alten Namen heißt) wurde unter der Last meterdicker Vulkanasche eine mit dem spätminoischen Kreta gleichzeitige Stadt entdeckt. Die Häuser von zwei und drei Stockwerken, die mit reichen Wandmalereien geschmückt waren und in deren Lagerräumen sich Hunderte unversehrter Gefäße fanden, zeigen ein reich entwickeltes Stadtwesen. Aus den Gegenständen, die gefunden wurden, wird deutlich, daß sie ein bedeutendes Handelszentrum war, mit engen Beziehungen zu den Einwohnern Kretas und zu den Mykenern. Die Kykladen setzten ihre Entwicklung auch in historischer Zeit fort. Hervorragende Beispiele archaischer Kunst wurden auf Paros und Naxos gefunden; auf Naxos unter anderem in den Steinbrüchen der Insel halb vollendete Kuroi (Jünglingsstatuen), deren Höhe 10 m erreicht.

Parallel mit der Entwicklung des Heiligtums auf Delos entstanden auf den Kykladen, die an der Athenischen Amphiktyonie (Bund) beteiligt waren, starke Poleis (Paros, Naxos, Tinos, Andros, Sifnos, Milos, Thera), die bis in die römische Zeit ihre Bedeutung beibehielten, trotz zeitweiliger Zerstörungen durch Feinde und häufig auch durch Bundesgenossen, wie im Fall von Milos, das seine Neutralität zwischen Athenern und Spartanern im Jahr 416 teuer bezahlen mußte. Die Einwohner hatten nach langer Belagerung einen Vertrag mit den Athenern geschlossen, aber die Sieger – wie Thukydides berichtet – achteten den Waffenstillstand nicht, sondern töteten alle Männer, die Waffen tragen konnten, und verkauften die übrige Bevölkerung in die Sklaverei.

In der byzantinischen Zeit geraten die Kykladen aus dem Blickfeld und erscheinen erst nach den Kreuzzügen wieder im Licht der Geschichte, als Venezianer und Genueser in die Ägäis vordringen, auf den Inseln Herzogtümer gründen und als Feudalherren herrschen. Der Zeitraum vom 12. bis 19. Jahrhundert ist der unruhigste und härteste für diese reizvollen Inseln. Sie überlebten unter schrecklichen Entbehrungen und Katastrophen, die bis zum Verfall der venezianischen Herrschaft und dem Niedergang der osmanischen Autokratie andauerten. Viele Inseln blieben unter der Herrschaft der Venezianer, während die anderen dem Herrschaftsbereich des Sultans angeschlossen wurden. Die Folgen dieses Anschlusses waren schlimm: anstatt eine Quelle der Unabhängigkeit zu sein, war es der Beginn von Leiden. Die Einwohner zahlten hohe Steuern an die Türken. Diese unterhielten zwar keine Garnisonen auf den Inseln, aber einmal im Jahr, gewöhnlich im Frühling, machte Kapudan Pascha, Statthalter und offizieller Steuereintreiber der Hohen Pforte, seinen Besuch. Willkürlich setzte er die Kopfsteuer fest. In der übrigen Zeit waren die Inseln den Maltesern, Katalanen und anderen Piraten ausgeliefert, die die Einwohner nicht nur ausplünderten, sondern sie in dauernder Knechtschaft hielten. Die maltesischen Piraten benutzten mit stillschweigender Billigung der Venezianer die Inseln als Basen (schon damals war die »Gefahr aus dem Osten« entdeckt worden, die als Rechtfertigung für die größten Willkürhandlungen gegen schutzlose Völker herhalten mußte), überwinterten zu Lasten der Einwohner und ergänzten mit ihnen häufig ihre Schiffsmann-

Das Kloster Panaghia Chrysopighi, in der Nähe des Dorfes Apokofto, im Süden der Insel Sifnos. In ihm wird die Ikone der Gottesmutter aufbewahrt, die einer Legende nach Wunderkraft besitzt: 1676 soll sie die Insel von der Pest und 1928 von der Heuschreckenplage befreit haben. 24

schaften. Milos, Santorin, Kimolos und Mykonos benutzten sie auch als Umschlagplatz der erbeuteten Waren, die dann weitertransportiert und in den Häfen Kleinasiens verkauft wurden. Aber außer den Maltesern, die die wahren Herren der Inseln waren und manchmal sogar mit den Einwohnern zusammenarbeiteten, gab es noch unabhängige Piraten, die ihrerseits die Abwesenheit der Malteser für plötzliche Überfälle ausnutzten und plünderten, was die offiziellen Herrscher übriggelassen hatten.

Diese beständige Bedrohung durch Piraten zwang die Inselbewohner, ihre Siedlungen auf den Höhen der Berge anzulegen und überall Beobachtungstürme zu errichten (sogenannte Wigles), auf denen man als Alarmsignal für die Bevölkerung Feuer anzündete, sobald sich ein feindliches Schiff der Küste näherte. Die Einwohner, in der Mehrzahl Frauen, Alte und Kinder (die Chronisten schätzen den Anteil der weiblichen Bevölkerung auf drei Viertel), nahmen die Tiere und was sie sonst noch von ihrer Habe retten konnten und versteckten es in Höhlen, bis der Überfall vorbei war. Auf Kimolos, einer der ärmsten und am meisten heimgesuchten Inseln der Kykladen, gibt es einen Berg mit dem Namen Klapsowuni (Berg des Weinens). Dort sammelten sich die Alten und die Frauen, die auf die Rückkehr der Männer, die auf See waren, warteten und weinten, wenn sich kein Schiff am Horizont zeigte. Die Kykladenbewohner, die auf Handels- oder Piratenschiffen arbeiteten, erwarben große Erfahrung im Umgang mit dem Meer; mit der Zeit begannen sie eigene Schiffe zu bauen. Als die Blütezeit Venedigs vorüber war und die englisch-französischen Interessen im Mittelmeer zur Bekämpfung der Piraterie führten, wurden die Bewohner der Kykladen auch von der Herrschaft der maltesischen Korsaren befreit. Es gelang ihnen, mit der eigenen Flotte, die sie sich geschaffen hatten, in den letzten Jahren des 18. Jahrhunderts eine Vormachtstellung im östlichen Mittelmeer zu erringen. Als Rußland ihnen erlaubte, seine Flagge zu benutzen, hatten sie das Monopol auf fast alle Transporte des türkischen Staates. Allein die Einwohner von Mykonos, die den Ruf hervorragender Seeleute hatten, besaßen zweihundert größere Handelsschiffe. Dieser große Aufschwung des griechischen Seewesens, dessen Tradition sich bis in unsere Tage fortsetzt, schuf die Voraussetzungen, daß zu Beginn des 19. Jahrhunderts die Frage nach der griechischen Unabhängigkeit gestellt werden konnte. Und im Verlauf des folgenden Aufstands war die Flotte seine wichtigste Stütze.

Wer heute die freundliche Inselvielfalt der Kykladen kennt, kann sich nicht vorstellen, was sie in diesen dunklen Jahrhunderten durchgemacht haben. Das heitere Aussehen der Siedlungen, die im Blau zu schweben scheinen, basiert auf Blut und Tränen. Das heutige Erscheinungsbild der Inseln wurde in den letzten zweihundert Jahren geschaffen. Der Besucher der Kykladen wird bezaubert von der Vollkommenheit der ägäischen Architektur und dem Vorherrschen der weißen Farbe, die sich auf diesen baumlosen Inseln durchgesetzt hat, weil sie die Sonnenstrahlen, die im Sommer alles versengen, reflektiert. Die flachen Dächer, bedeckt mit einer harten grauen Erde, wurden so konstruiert, daß sie das wenige Regenwasser in unterirdische Zisternen sammeln: kostbares Wasser auf diesen wasserlosen Inseln, das wertvoller ist als Gold. Auf einigen Inseln wurde bei einer Heirat der Reichtum nicht nach der Mitgift der Braut oder den geschlachteten Ziegen für den Hochzeitstisch gemessen, sondern nach den Eimern Wasser, die man verbrauchte.

Die Kykladen sind heute identisch mit der Ägäis. Alle Bücher über das griechische Meer haben auf der Umschlagseite ein Motiv der Kykladen: Mykonos mit seinen Windmühlen, einen Glockenturm von Santorin mit der Vulkaninsel im Hintergrund, ein strahlendweißes Dorf, das sich übereinandergeschachtelt am Hang eines Berges hinaufzieht. Ihre Landschaft wirkt wie ein Relief, das dauernd seine Gestalt ändert.

Die Kykladen sind etwa zwanzig bewohnte Inseln, die nach ihrer geographischen Lage in vier Gruppen unterteilt werden: die nördlichen Kykladen (Andros, Tinos, Mykonos), die westlichen (Kea, Kythnos, Serifos, Sifnos, Kimolos, Milos), die zentralen (Syros, Paros, Antiparos, Naxos) und die südlichen (Pholegandros, Sikinos, Ios, Santorin, Anafi, Amorgos und unbewohnte Inseln). Die Entfernungen der Inseln von Piräus sind relativ gering, aber die beschränkte Geschwindigkeit der Schiffe und die vielen Zwischenstationen verlängern oft unverhältnismäßig die Reisedauer. Diejenigen, die der viele Stunden dauernden Mühe ausweichen wollen, ziehen das Flugzeug vor. Es bringt sie von Athen in weniger als einer Stunde nach Mykonos, Milos oder Santorin, und von dort setzen sie ihre Weiterfahrt auf die entfernteren Inseln mit Schiff oder Boot fort. Es sind in erster Linie die Fremden, die das Flugzeug benutzen, weil die Einheimischen weiterhin das Schiff bevorzugen. Es entspricht mehr ihrer Inselmentalität.

Außer den Reisenden, die eine einzige Kykladeninsel aufsuchen, um dort ein Wochenende oder eine Ferienwoche zu verbringen, gibt es eine große Gruppe von Reisenden, die bei ihrer Abfahrt von Piräus sagen: »Wir fahren auf die Inseln.« Sie haben sich einem besonderen Reisestil verschrieben, dessen

▷ *Innenhof des Klosters Panaghia tou Vounou, das im Süden der Insel Sifnos, nahe der Sandbucht Platys Ialos liegt. Das grelle Weiß und die Form des Baustils sind charakteristisch für die Kykladen-Inseln.*

Folgende Seiten:

S. 28 Zwei Kirchen, die vor Kastro, der ältesten Siedlung der Insel Sifnos, erbaut wurden.

S. 29 Blick von der Kirche Aghia Sofia auf die Ortschaft Adamas und die große Bucht von Milos.

Hauptkennzeichen das Herumfahren ist. Sie möchten in der kürzesten Zeit möglichst viele Inseln kennenlernen. Sie steigen im ersten Hafen aus, bleiben ein oder zwei Tage (ausreichend Zeit, sogar zu Fuß auf den winzigen Inseln herumzuwandern), dann suchen sie mit dem Linienschiff oder dem Boot den nächsten auf. Oft trifft man die Gruppen, denen man bei der Abfahrt von Piräus begegnet, auch an anderen Stationen der Fahrt wieder. Es ist durchaus nicht selten, daß man bei der Rückfahrt mit ihnen wieder auf demselben Schiff ist. Der familiäre Charakter des Miteinanderumgehens, dem man auf den Kykladen noch begegnet, läßt dem beweglichen Reisenden unzählige Möglichkeiten der Auswahl. Er bestimmt das Zimmer, in dem er bleiben will, die Taverne, in der er ißt, den Strand, an dem er schwimmt, und die Zeit, die er auf jeder Insel bleiben will. Ich würde gerne bei allen Inseln verweilen und von Begegnungen mit ihren Menschen erzählen, von den kurzen Bekanntschaften und den Unterhaltungen. Dort findet man die Seele der Kykladen in der Einheit von Mensch und Landschaft. Der beschränkte Raum erlaubt es mir aber nicht, auf allen diesen freundlichen Inseln Station zu machen. Das Bild, das ich geben kann, ist lediglich eine Kontur, eine stilisierte Landschaft, in die jeder, der einmal diese Inseln betritt, seine eigenen Bilder einfügen kann. Es gibt heute auf der ganzen Welt den Trend, neue Gegenden zu entdecken: im Mittelmeer und im Atlantik, in Afrika, Asien und auf den verlorenen Inseln des Pazifik. Alle versuchen, unserem Planeten seine Geheimnisse zu entreißen. Aber das einzige, was man erreicht, ist, sie noch tiefer zu vergraben, so daß die Seele eines jeden Platzes für immer verlorengeht. Es erinnert an die Antiken-Plünderer des 17. Jahrhunderts, die, ohne zu wissen, was sie suchen, alte Städte zugrunde richteten. Fourmont, einer der schlimmsten, der zu Beginn des 18. Jahrhunderts Griechenland verwüstete, schreibt in seinem Tagebuch über das alte Sparta: »Bis jetzt hat kein Reisender gewagt, es anzurühren. Ich kam zu dem Entschluß, daß es nicht anstand, eine solche Bewunderung zu hegen. Ich habe es also dem Erdboden gleichgemacht... Ich habe die Überreste dieser Stadt bis auf die Grundmauern zerstört... Ich habe die Asche des Agesilaos in den Wind gestreut. Ich bin in das Grab des Lysandros eingestiegen und habe das Grab des Orestes aufgedeckt.« Dieses Bekenntnis unterscheidet sich nicht von dem Bericht eines zeitgenössischen Bauunternehmers, der erklärte, mehrere Kykladen-Häuser dem Erdboden gleichgemacht zu haben, um das Fundament für ein modernes Hotel zu schaffen. Die Orte brauchen ihre Geheimnisse, um zu leben. Die Kykladen können vor den zeitgenössischen Fourmonts nur geschützt werden von den Menschen, die sie kennen und lieben. Auf einer kleinen Insel, deren Namen ich für mich behalte, baten mich die Einwohner bei der Abfahrt, nirgends zu sagen, daß sie schön sei. Dasselbe sagen sie zu allen, die diese Insel kennenlernen, und sie wünschen, daß nie eine Straße ihr Dorf erreichen möge.

Mykonos

Wer seine Bekanntschaft mit der Ägäis von Delos aus beginnt, lernt notwendigerweise zuerst Mykonos kennen. In einer Zeit, als eine Reise nach Griechenland und besonders zu den Inseln noch Unternehmungsgeist voraussetzte, wurde Mykonos von den Franzosen entdeckt. Rasch bildete sich um diese Insel ein Mythos. Für alle stellte sie das Idealbild der griechischen Inseln dar. Ihre beispielhafte Volksarchitektur und das unvergleichlich malerische Aussehen verwandelten sie in wenigen Jahren zu einer Trauminsel. In kurzer Zeit wurde Mykonos die beliebteste griechische Insel, und manche nannten sie das Saint-Tropez der Ägäis. Im früher einmal ruhigen Hafen von Mykonos entstanden neben den malerischen Kaffeehäusern Snack-Bars, Diskotheken und Nachtbars. Neben den Geschäften, in denen man Produkte der örtlichen Volkskunst verkauft, entstanden Niederlassungen der großen Schmuckgeschäfte Athens und Boutiquen der großen Modehäuser. Wenn es nicht die Denkmalschützer gegeben hätte, die sich von morgens bis abends auf den Straßen und vor den Gerichten bemühten, die Zerstörung des Ortsbildes durch selbstherrliche Eingriffe zu verhindern, hätte Mykonos heute nicht mehr das Aussehen, das seine ersten Liebhaber vor dreißig Jahren kennenlernten. Ihnen ist es zu verdanken, daß man eine der eindrucksvollsten Kykladensiedlungen entdecken kann, wenn man sich von dem nie endenden Lärm des Gehens und Kommens absondert. Beim Gang durch die labyrinthartigen Gäßchen erkennt man die durchdachte architektonische Anordnung des Ortes, für deren Verwirklichung es der gesammelten Volksweisheit von Jahrhunderten bedurfte. Keine Tür, keine Wegbiegung, keine der kleinen Kirchen ist zufällig angeordnet. Panaghia Paraportiani, eine Kirche, die auf vier Ebenen erbaut ist mit Kapellen, die in alle vier Himmelsrichtungen weisen, stellt eine der entwickeltsten Formen der Kykladen-Architektur dar. Die harmonische Ausgestaltung der Wölbungen und die vollkommene plastische Ausgewogenheit gewinnen noch an Bedeutung, wenn man bedenkt, daß sie in verschiedenen Bauabschnitten von großem zeitlichen Abstand erbaut wurde.

Sifnos

Noch stärker als Mykonos beeindruckt Sifnos durch sein Weiß und die Reinheit seiner Architektur. Wie auf allen Kykladeninseln gibt es Hunderte von Kirchen. Man sagt, daß es früher mehr Kirchen als Häuser gegeben habe. Einwohner ohne eigene Häuser brachten oft ihre Schlafunterlagen in die Kirchen und benutzten sie als Wohnungen.

30 *Kleine Kirche am Meer, in der Nähe der alten Siedlung Kastro auf Sifnos.*

Sifnos war in der Antike in ganz Griechenland durch seinen Reichtum bekannt. Die Goldbergwerke, die sich auf der Insel befanden, sicherten den Einwohnern großen Wohlstand; er wird von dem Weihetempel bezeugt, den sie im Jahr 535 v. Chr. in Delphi errichteten. Das sogenannte Schatzhaus der Sifnier war reich mit plastisch ausgestalteten Metopen geschmückt. Viele von ihnen sind heute im dortigen Museum aufbewahrt. Sie gehören zu den charakteristischsten Beispielen archaischer Kunst.
Die heutigen Siedlungen auf Sifnos – Artemona, Apollonia und Kastro – sind fast zusammengewachsen. Durch das intensive Weiß wird man geblendet. Die Einwohner begnügen sich nicht damit, ihre Häuser, Höfe und gepflasterten Straßen dauernd mit Kalk zu weißen, sondern sie tun das auch bei den Pfaden, die zu den abgelegenen Kapellen führen. Auf keiner anderen Insel der Ägäis gibt es einen solchen Kult der weißen Farbe. Die Kirchen von Sifnos gehören zu den größten Schönheiten der Insel. Man begegnet ihnen überall in einer einzigartigen Vielfalt von Gestalten, deren Hauptmerkmale der Einfallsreichtum und die vollkommene Ausgewogenheit des Baues sind. Panaghia tou Vounou (Muttergottes des Berges), Chrisopighia (Goldquelle) und die Zwillingskirchen von Kastro gehören zu den anmutigsten Kykladen-Bauten.
Die Siedlung Kastro, am Meer erbaut an der Stelle einer venezianischen Festung, ist architektonisch von besonderer Bedeutung. Die Hauptstraße verläuft in zwei Ebenen. Der eine Teil, fast unterirdisch unter Steinarkaden, bedient die ebenerdigen Wohnungen auf seiner rechten Seite, der obere Weg den ersten Stock und das Erdgeschoß der Häuser auf seiner linken Seite. Gleichartige Steintreppen über den Arkaden verbinden die Haustüren mit der Straße.

Tinos

Zu den originellsten Bauten, denen man auf den Kykladen begegnet, gehören die kunstvollen Taubenhäuser. Man findet sie auf allen Inseln, aber auf Tinos erreichen sie die Grenze zum Kunstwerk. Sie werden unter den geänderten Lebensumständen von heute als Wohnungen benutzt. Eines der malerischsten Taubenhäuser auf Mykonos, dessen Bild viele Bücher über die Kykladen schmückt, enthält auf der Tür eine Aufschrift, die diejenigen, die sich dem Haus nähern, informiert: »Achtung, bissiger Hund!«
Die in ihrer kunstvollen Ausschmückung eindrucksvollsten Taubenhäuser befinden sich auf der Straße, die von Tinos nach Panormos führt; sie stammen aus der venezianischen Epoche. Viele werden sich die außerordentliche Pflege der Tauben durch die Einwohner der Kykladen nicht erklären können. Man muß deshalb hinzufügen, daß das Fleisch alter Tauben zäh ist und nicht gegessen wird, aber sehr zart, solange die Tiere noch jung sind und von den Alten gefüttert werden. Das Fehlen der Viehzucht auf den Inseln zwang die Einwohner während langer Zeit, die Tauben in Häusern zu halten, ohne die friedliche Absicht, die die kunstvollen Taubenhäuser auf den ersten Blick vermitteln.
Tinos war zusammen mit Andros im Mittelalter ein fränkisches Herzogtum, das für seine Seidenproduktion bekannt war. Heute ist es das berühmteste religiöse Zentrum Griechenlands. Im Kloster Evangelistria findet jedes Jahr am 15. August ein großes Fest statt, an dem mehr als 30000 Menschen aus dem ganzen Land teilnehmen. Die Geschichte dieses Klosters ist jung, da es erst im letzten Jahrhundert gegründet wurde. Seine Gründung unterscheidet sich nicht von der Dutzender anderer griechischer Klöster. Jemand fand eine vergrabene alte Ikone, und die Einwohner, die ihre Auffindung als bedeutungsvoll betrachteten, beschlossen, an dieser Stelle ein Kloster zu gründen. Die Ikone selbst wurde als wundertätig angesehen, und ihr Ruf überschritt die engen Grenzen der Insel. Die Feier der Evangelistria hat hier nicht den frohen Charakter anderer Feste, die am gleichen Tag zu Ehren der Muttergottes stattfinden. Die verborgene Hoffnung der Kranken, daß sie geheilt werden können, das Gedränge und die Überanstrengung schaffen häufig eine dramatische Atmosphäre. Viele gehen auf den Knien von der Küste zum Kloster hinauf, um die Ikone zu verehren, und am Tag des Festes, wenn sie in der Stadt herumgetragen wird, kulminiert die Spannung. Eine Abteilung von Marinesoldaten trägt das wundertätige Bild und geht über die Körper Hunderter von Gläubigen, die auf den Boden ausgestreckt mit herzzerreißenden Ausrufen beten.
Die Kirche Panaghia Evangelistria wurde 1822 erbaut. Sie wird als einer der bedeutendsten Beispiele der Architektur des vergangenen Jahrhunderts betrachtet. Für ihren Bau wurden Überreste des alten Poseidontempels benutzt, Säulen, die von Delos mit Booten herübergebracht wurden und eine große Menge Marmor von Paros. Ihre innere Ausschmückung ist nicht von besonderer Bedeutung. Jedoch beeindruckt die Vielzahl und Verschiedenheit der Weihegaben, die die Gläubigen jedes Jahr weihen.

Milos

Eine der bekanntesten und zugleich unbekanntesten Inseln der Kykladen ist Milos. Das Standbild der Aphrodite, das im vergangenen Jahrhundert das Ideal weiblicher Schönheit verkörperte, führte die Insel aus der Verborgenheit heraus und machte

Eine kleine Bucht in der Nähe von Flakopi auf Milos. Das vielfarbige, poröse Vulkangestein, das ständig vom Wasser umspült wird, bringt die unterschiedlichsten Küstenfels-Landschaften hervor; eine der eigenartigsten sind die »Glaronisia« (Möweninseln) an der Nordküste der Insel.

◁ *Die Grabungen auf Santorin (Thera) bei dem Dorf Akrotiri deckten Räume mit wundervollen Fresken auf, so diesen Fischerjungen, der in jeder Hand ein Bündel von Makrelen hochhält. Zusammen mit den Fresken des Frühlingszimmers und der boxenden Kinder bezeugt das Fischer-Bild den hohen Stand der minoischen Malerei um 1500 v. Chr. Um diese Zeit verwandelte der große Vulkanausbruch Thera in ein »Ägäisches Pompeji«.*

▷ *Blick auf die Hauptstadt Thira auf Santorin, die sich auf dem steil ins Meer abfallenden Inselrücken erhebt.*

ROOMS
PALAMA

ihre geographische Existenz der ganzen Welt bekannt. Weit entfernt von den stark besuchten Touristenstraßen der Ägäis bleibt Milos jedoch ein relativ unbekannter Platz. Als reine Vulkaninsel wie Santorin ist sie eindrucksvoll in ihrer Nacktheit. Die vereinzelten Palmen, die sich im Küstenwind biegen, betonen eindringlich die Nachbarschaft mit dem Süden. In früherer Zeit gab es viel Weinbau. Die systematische Ausbeutung der Bodenschätze Schwefel, Mangan und Blei, die fast nur an der Oberfläche erfolgte und sich über die ganze Insel ausdehnte, beseitigte jedoch die Weingärten und hinterließ an ihrer Stelle unzählige Krater, die der Insel das Aussehen einer Mondlandschaft geben.
Historisch nahm Milos eine Sonderstellung innerhalb der Kykladen ein. Die Forschungen, die eine britische Archäologengruppe auf der Akropolis von Flakopi machte, brachte unzählige Funde aus der Zeit zwischen 2600 und 1100 v. Chr. ans Licht. Man unterscheidet viele Keramikfunde der geometrischen Epoche und die bekannten »Platten von Flakopi«, die mit gemalten Darstellungen geschmückt sind. Der größte Teil der alten Akropolis ist im Meer versunken und hinterließ an seiner Stelle einen eindrucksvollen Strand mit schwarzen, leuchtenden Kieseln. Von der Stadt der klassischen Epoche, die sich neben der heutigen Hauptstadt Plaka befand, ist das alte Theater und ein Teil der Stadtmauer erhalten.
Historisch interessant sind auch die in Griechenland einzigartigen frühchristlichen Katakomben. Es handelt sich um ein wahrhaftes Labyrinth, das den ganzen Hang des Hügels überzieht, bei den Trümmern der antiken Stadt beginnt und beim Küstendorf Klima endet. Sie werden als die bedeutendsten nach denen von Rom und Alexandria betrachtet; ein Teil von ihnen ist heute zugänglich. Alle Grabbeigaben wurden zerstört oder an die Plünderer der antiken Stätten zu Beginn des 19. Jahrhunderts verkauft.

Die Treppenstraße, die sich serpentinenartig vom Hafen Skala zur Hauptstadt Thira hinaufwindet, stellt die direkte Verbindung zwischen beiden Ortschaften dar. Wer den Fußmarsch scheut, kann auf Eselsrücken zur Hauptstadt befördert werden.

36

Der lebendigste Ort ist heute Adamas, der Haupthafen. Plaka, das am Fuß einer alten venezianischen Burg gegründet wurde, hat sein altes malerisches Aussehen bewahrt. Von der Spitze des Hügels mit der schlichten Kirche Panaghia Thalassitra kann man einen der schönsten Rundblicke der Kykladen genießen. Eine der interessantesten Seiten von Milos ist die in ihrer Wildheit schöne Küste. Aus dem Meer steigen Granitsäulen mit einer Höhe von 20 m auf, deren Breite 30 cm nicht überschreitet. Wenn man an den Meereshöhlen vorbeifährt, entdeckt man unvermutete Buchten, die das dauernde Ringen der Wellen mit dem Land geschaffen hat.

Santorin

Santorin ist die fremdartigste Insel der Ägäis. Als ein Stück versteinerter Lava, das senkrecht ins Meer abfällt, trägt sie auf ihrem Rücken eine weiße Stadt, die dem Vulkan gegenübersteht und ihn herausfordert. Es ist das Schicksal ihrer Einwohner, dauernd mit ihm zu kämpfen. In den 4000 Jahren, in denen die Insel nachweislich bewohnt wird, wurde sie nie aufgegeben. Und auch als der große Ausbruch um 1500 v. Chr. stattfand und nach Spyridon Marinatos das mythische Atlantis verschwinden ließ, wurde sie nicht endgültig verlassen. Ihre Einwohner kehrten zurück, und obwohl sie immer unter der Drohung des Vulkans lebten, nahmen sie weiterhin bis zum Ende der hellenistischen Zeit an dem sozialen und kulturellen Leben der Ägäis teil. Auch in Santorin, wie das alte Thera seit

Folgende Seiten:
S. 38 Ein erkalteter Krater auf der Vulkaninsel Nea Kaimeni vor Santorin.

S. 39 Schwerbepackt harren die Esel auf dem Marktplatz von Thira (Santorin) stundenlang geduldig aus, bis ein Handel nach dem anderen abgeschlossen ist, Körbe und Säcke entleert sind.

Ein charakteristisches Wohnhaus der heutigen Kykladen-Architektur auf der Insel Ios, das unweit von dem gleichnamigen Hauptort auf einem Hügel am Meer erbaut wurde.

BE.

dem 13. Jahrhundert heißt, fahren seine Einwohner fort, Weinstöcke zu pflanzen, Kirchen zu bauen und sich mit Handel zu beschäftigen. Die Häuser sind häufig in die Erde eingegraben und haben ihre Gärten über den Dächern. Als von 1570 an die Vulkanausbrüche wieder den Grund des Meeres aufwühlten und neue Inseln gegenüber von Santorin entstehen ließen, floh niemand von der Insel. 1573 tauchte aus dem Meer das Inselchen Mikri Kaimeni auf. 1650 ließ ein furchtbares Erdbeben, das von Vulkanausbrüchen unter der Meeresoberfläche fortgesetzt wurde, die Häuser auseinanderreißen und ganze Stücke des Lands ins Meer hinabstürzen. 57 Jahre später erwachte der Vulkan wieder. Ein Jahr lang kochte das Meer und wechselte seine Farbe. Während furchtbarer Ausbrüche, die Berge von Lava in den Himmel schleuderten, begann eine neue Insel aufzutauchen: Nea Kaimeni, an einem Tag sichtbar, am anderen wieder verschwunden. Während eines Jahres änderte sich dauernd ihre Form, bis nach einer gewaltigen Explosion des Vulkans das Brüllen sich zu legen begann und die Einwohner Santorins über das noch heiße Meer hinüberruderten und die neue Insel besuchten. Sie hatte eine Breite von 200 m, 60 m Höhe und einen Umfang von 5 Meilen. Der Vulkan ist bis heute tätig. Ein schreckliches Erdbeben erschütterte 1956 die Insel. Ihre Einwohner aber blieben. Wenn man mit Maultieren den gepflasterten Zickzack-Weg nach Thira oder Fira, wie es die Einheimischen nennen, hinaufreitet, trifft man noch auf die Trümmer des letzten Erdbebens. Ein Teil der Stadt ist zerstört. Der Rest bewahrt sein altes malerisches Aussehen. Von dem großen Hotel aus, das wie ein Wunder von dem letzten Erdbeben unberührt blieb, kann man den schlafenden Giganten sehen. Der Vulkan scheint in letzter Zeit gleichgültig gegenüber den vorbeifahrenden Schiffen zu sein. Das Leben hat sich in nichts geändert. Die Einwohner von Santorin leben wie immer mit den Weinfeldern und ihren Gärten. In Chora streifen die eiligen Touristen, die mit dem Maultier aufsteigen, um das Panorama zu bewundern, durch die engen Gassen, kaufen eine Flasche des dortigen Weins, mehrere Karten und fahren dann weg. Das Leben bleibt unverändert. Es hat eine Ruhe und Schönheit, die in ihrer Einfachheit bezaubert. Es lohnt sich, ihm etwas mehr Zeit zu schenken. Neben den reichen älteren und neuen archäologischen Funden, die im Raum der Kykladen einzigartig sind, gibt es noch die menschliche Seite dieser Insel zu entdecken: die einfachen Menschen von Santorin, die weiterhin mit ihrem Trotz den Vulkan herausfordern.

Naxos, Paros, Ios, Amorgos, Pholegandros, Syros, Tsia oder Kea, das weit entfernte Anafi und die vergessenen einsamen Inseln ergänzen diese kreisförmige Inselgruppe. Sie haben die gleichen Kennzeichen und die gleichen natürlichen Schönheiten. Sie werden von dem Gegensatz der weißen Farbe mit der verbrannten Erde charakterisiert. Jede von ihnen hat ihre eigenen Reize. Überall erwarten den Besucher Dutzende von Kirchen

▷ *Die reizvoll in der Hafenbucht von Ios gelegene Kirche Aghia Irini, ein architektonisches Stilgemisch aus dem 17. Jahrhundert, zeigt im Innern bezaubernd primitive Wandmalereien, wie sie auch sonst in vielen Kirchen und Kapellen auf den Inseln zu finden sind.*

▽ *Fast elf Meter groß ist der sogenannte Dionysos, der seit über zweieinhalbtausend Jahren in einem Steinbruch bei dem Fischerdorf Apollonia auf Naxos unvollendet liegen blieb. Zwei andere Marmorkolosse liegen in den Brüchen von Melanes, ebenfalls auf Naxos, weitere auf Thasos und Delos – Zeugnisse der monumentalen Kykladenskulptur des 7. Jahrhunderts.*

40

zur Erkundung und leuchtende Dörfer auf den Höhen der Berge. Serifos, Kythnos und Amorgos mit seinem eindrucksvollen Kloster Chosoviotissa, der malerische Hafen von Paros mit der ältesten und berühmtesten Kirche der Kykladen, die von Justinian im 6. Jahrhundert gegründet wurde, das Heiligtum des Dionysos auf Naxos und die auf den Feldern verlorenen byzantinischen Kapellen, die Reste alter Tempel, die venezianischen Burgen und Herrenhäuser warten auf die Reisenden.

Um einen Ort kennenzulernen, muß man ihm etwas vom eigenen Herzen schenken, die Liebe für jedes Ding, so wie es dargeboten wird, wobei es seinen eigenen Gesetzen gehorcht. Eine Rundfahrt durch die Kykladen kann ein oberflächlich-heiteres Erlebnis sein oder eine Erfahrung fürs Leben, die nur die Ägäis vermitteln kann. Es hängt von dem Weg ab, dem man folgt, von dem Blickwinkel, unter dem man die Landschaft und den Menschen betrachtet. Um diese Inseln zu verstehen, darf man sich nicht nur an die archäologischen Führer halten, sondern muß sich mit ihrer Geschichte beschäftigen. Man braucht es nicht als entweihende Handlung anzusehen, wenn man auf einer Säulentrommel eines alten Tempels seinen Kaffee trinkt. Vergangenheit und Gegenwart können oft miteinander in alltäglichen Formen existieren. Die Kykladen-Kultur ist eine geschichtliche Laune, die die wunderbaren Formen dieser Inseln hervorgebracht hat. Sie entstand unter vielen Kämpfen und in schwierigen Zeiten. Ein Wunder ist es, daß sie überlebte und leuchtend ist wie immer.

◁ *Das berühmte Marmortor auf einer kleinen Insel vor Naxos ist zusammen mit den Fundamenten der Rest eines großen archaischen Tempels vom Ende des 6. Jahrhunderts. Der Planung nach hätte er der größte seiner Zeit in ganz Hellas werden sollen, wurde aber nie vollendet.*

Folgende Seiten:
S. 44 Blick auf den Hafen und die Stadt Naxos (Chora) von der kleinen, über einen Damm zugänglichen Insel aus, auf der sich das Marmortor erhebt. Den Hügel bekrönt eine mittelalterliche Burg. Im Hintergrund die Bergkette, die bis zu Höhen von 1300 Metern aufsteigt. Auf Naxos spielt sich das mythische Liebesdrama zwischen dem athenischen Heros Theseus und der Minostochter Ariadne ab, die aus ihrer Verlassenheit von Dionysos erlöst wird.

S. 45 Auf der typisch weißen Kykladeninsel Paros stehen zahlreiche Kirchlein aus spät- und nachbyzantinischer Zeit, viele mit reizvoll eigenwilligen Anbauten oder wie diese mit einer blauen Kuppel. In der Antike war der reinweiße parische Marmor hochgeschätzt.

▽ *Die Löwen von Delos stehen an der Straße zum Heiligtum der Leto, der Mutter von Apollo und Artemis. Die auch in verwittertem Zustand noch höchst eindrucksvollen Tierplastiken aus archaischer Zeit waren vermutlich ein Weihgeschenk der Naxier an das Inselheiligtum des Apollo, das mit Tempeln, Schatzhäusern, Säulenhallen und Denkmälern aus allen Jahrhunderten der griechisch-römischen Antike überfüllt war. Man hat es »das griechische Pompeji« genannt.*

44

46

△ *Die Hauptstadt Hermoupolis auf Syros stuft sich mit weißen Häusern an den Hängen zweier Hügel hoch, die von Kirchen bekrönt sind. Syros war seit dem Mittelalter ein Stützpunkt des römischen Katholizismus, man nannte sie »Insel des Papstes«.*

◁ *Die Kirche Paraportiani auf Mykonos, westlich vom Hafen gelegen, ist ein vielfältiges Geschachtel von Kapellen des 17. Jahrhunderts – in ihrer Sonderart eine der schönsten unter den 365 Kirchen der Insel.*

▷ *Die mit Binsen gedeckten Windmühlen von Mykonos sind neben den Taubenhäusern und kleinen Kapellen beliebteFotomotive.*

Nördliche Sporaden

Die grünen Inseln der Ägäis

Die Tourenschiffe, die täglich vom Piräus aus die Ägäis in süd- und nordöstlichen Richtungen befahren, lassen die Inselgruppe der nördlichen Sporaden vor den Küsten Euböas und Magnesias links liegen. Nach Skiathos, Skopelos, Alonissos und Skyros schifft man sich am besten in den näheren Häfen von Volos, Kymi und Aghios Konstantinos ein. Skiathos ist von Athen aus auch mit dem Flugzeug in 25 Minuten erreichbar. Wer Zeit hat, sollte sich der Insel jedoch zu Schiff nähern – eine vielleicht altmodische oder nostalgische Einstellung, die aber durch den Zauber der Seefahrt gerechtfertigt wird.

Skiathos

Auf Skiathos wurde Alexander Papadiamantis (1851–1911) geboren, der »Heilige der griechischen Literatur«. Sein Wohnhaus am Hafen kann man besichtigen. In seinen in der Volkssprache verfaßten Erzählungen erscheint die Insel als ein Paradies des Friedens, abgelegen wie das heilige Patmos und der mönchische Athos. Sie ist es heute nicht mehr uneingeschränkt. Der Tourismus hat sich ihrer mit seiner lauten und geschäftigen Betriebsamkeit bemächtigt. Hoteltürme und Betonbungalows überwuchern Buchten und Strände.
Skiathos ist die schönste der »grünen Inseln«, wie man die Sporaden im Unterschied zu den steinern nackten Inseln der Kykladen und des Dodekanes nennt. Die Bucht von Koukounaries, der »goldene Sandstrand Griechenlands«, und die unzähligen kleinen Buchten sind reich mit Kiefern und duftenden Sträuchern besetzt. Die Wälder ziehen sich über Weinberge und Olivenhaine hoch die Hügel und Berge hinauf, eine entzückende Kulisse vor dem bunten Bild des Hafens, der Landeplätze der Fischer und der Schiffswerften, auf denen noch immer die anmutigen Kaiki gebaut werden, freilich viel weniger als noch vor 25 Jahren. Der industrialisierte Bootsbau in Athen hat den einheimischen Schiffsbauern das Wasser abgegraben. Es lohnt sich, eine solche Schiffswerft aufzusuchen und den Arbeitern zuzusehen, wenn sie mit dem Breitbeil Bug und Schiffsrippen zurechthauen oder ein Boot von Stapel lassen.
Die heutige Hauptstadt der Insel, Skiathos, wurde nach dem Befreiungskampf der Griechen in der ersten Hälfte des vorigen Jahrhunderts an der Südküste neu erbaut und besiedelt – wiederbesiedelt, muß man sagen, denn schon die antike Stadt lag hier; Mauerreste finden sich noch beim Friedhof. Damals und noch in römischer und byzantinischer Zeit waren die Seewege der Ägäis weitgehend sicher, wurden die vereinzelt auftretenden Piraten gejagt. In den osmanischen Jahrhunderten aber nahmen die Freibeuter überhand und beraubten Küsten und Inseln. Die Bewohner verließen ihre offenen Wohn- und Handelsplätze, und zogen sich ins Inselinnere, in den Schutz von Bergfestungen zurück. Jahrhundertelang war das auf einem hohen Felsgipfel liegende Kastro im Norden von Skiathos die Ersatzhauptstadt der Insel, die dann um 1825 wieder zugunsten des alten Hafens im Süden aufgegeben wurde.

Alonissos

Auch Alonissos war in meiner Vorstellung eine Insel für Leute, die Ruhe über alles schätzen: ein Dorf, an die Bergspitze geklammert, und viele tiefgrüne Buchten mit vereinzelten Fischerhäuschen, die untereinander mit kleinen Schiffen zu erreichen sind; keine Straßen, keine Autos, nicht einmal ein richtiger Hafen: die Reisenden werden mit Ruderbooten angelandet und von den Fischern zu malerischen Buchten gebracht, wo sie eine einfache und warme Gastfreundschaft erwartet.
Meine Vorstellung entsprach noch weitgehend der Wirklichkeit, anders als mein denn doch allzu idyllischer Traum vom stillen Skiathos. Heute wird man allerdings nicht mehr mit dem Ruderboot an Land gebracht, sondern das Schiff legt am neuen Kai an. Rund um den Hafen häufen sich die Neubauten; Schilder verweisen auf mietbare Bungalows, und ein Lastwagen mit Baumaterial beweist, daß die alten krummen Pfade von asphaltierten Straßen abgelöst sind.
Bei meinem Versuch, Erkundigungen einzuholen, geriet ich in einen neuen Restaurationsbetrieb, den ein Priester eben mit guten Segenswünschen für Erfolg und Gedeihen einweihte. Die festlich gekleideten Teilnehmer an der Feier erschienen mir in ihrem zukunftsgläubigen Optimismus wie jene Auswanderer zu Beginn unseres Jahrhunderts, die hoffnungsvoll ins Land der unbegrenzten Möglichkeiten aufbrachen.
Die holprige Straße nach Alonissos führt in die Höhe. Ich miete einen Fahrer mit Dreirad. Vier steinerne Tennen empfangen

◁ *Eines der schönsten Taubenhäuser, wie sie zahlreich auf Tinos (in der Gegend Tarambados) und anderen Inseln erhalten sind.*

Folgende Seiten:
S. 50 Skiathos, die dem Festland (Volos) nächstgelegene Sporadeninsel, bietet dem erholungssuchenden Touristen waldige, weichsandige Strände, aber auch über ein halbes Hundert einsame, mit dem Kaiki erreichbare Buchten von traumhafter Schönheit.

S. 51 Hoch überragt die antike Akropolis, die ehemals befestigte Burganlage, die sich unter ihr ausbreitende Stadt Skyros. Die antiken Bauten sind völlig zerstört, auch spätere byzantinische Anlagen wurden durch Erdbeben vernichtet.

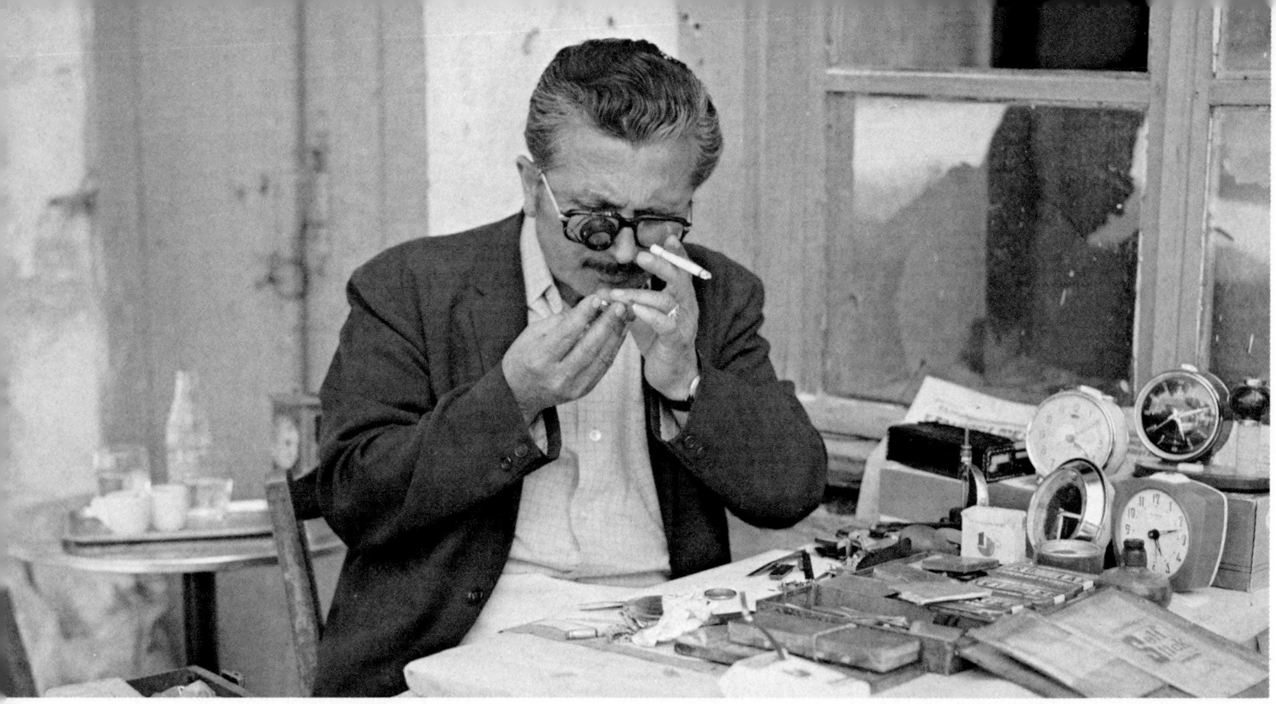

◁ *Wie viele Handwerker betreibt auch dieser Uhrmacher auf Skopelos sein kniffliges Geschäft mit geringsten Unkosten: ein winziges Lädchen, das sich auf die Straße öffnet, ein Tisch, ein Stuhl, eine Materialkiste genügen für den täglichen Kundendienst.*

◁ *Auf Skyros findet sich fast in jedem Haus ein mit handwerklichen und kunstgewerblichen Erzeugnissen geschmückter Raum. Hier reihen sich auf und um den Kamin schöne alte Keramiken: buntbemalte Teller, Schüsseln, Krüge, Kannen und Kupfergeschirr. Oft sind die Wände mit Textilien in aparten farbigen Mustern behängt.*

▷ *Wer sich die Zeit nimmt, die enggedrängten Gassen von Skyros mit wachem Blick zu durchstreifen, findet an allen Ecken und Enden reizvolle Winkel wie diesen, dessen Anlage wie mit der Hand modelliert erscheint.*

30

Blick von der antiken Burg auf das Städtchen Skyros.

▽ *Die Stadt Skopelos, oft von Erdbeben geschüttelt, erhebt sich heute mit marmorverkleideten Betonbauten zur Höhe des Burghügels.*

▷ *Wie auf allen Inseln gibt es auch auf Skopelos unzählige, meist kleine Kirchen wie diese an der Hafeneinfahrt zur gleichnamigen Hauptstadt – Stätten frommer Zuflucht in den politischen Wirren der Jahrhunderte.*

den Ankömmling bei der Einfahrt. Rechts und links dehnt sich, im Sonnenlicht gleißend, das Meer, von der Höhe aus ein hinreißendes Bild. Ich begegne den ersten Bewohnern. Sie haben Heu ausgebreitet und scheinen von meiner Gegenwart überrascht. Ein Hund bellt mich an. Mein Freund, der Fahrer, beruhigt ihn und die Leute auf eine Weise, die den Fotoapparat in meinen Händen merkwürdig schwer werden läßt. »Der wird über euch in der Zeitung schreiben. Er ist Journalist.« Ihr Blick erweckt in mir das Schuldgefühl eines Diebes, der mit dem Klicken des Auslösers ein Bild bannt, das viele Jahrhunderte menschlicher Mühsal komponiert haben. Uralte Vergangenheit prägt die Züge des Orts. Die Häuser ziehen sich den Abhang hinab – eine rote Treppe von Ziegeldächern. Die meisten sind verlassen, aber auch die bewohnten sind meist nur Obdach für Greise. Sie öffnen die Haustür, bieten eine Süßigkeit an und lächeln. Selbst wenn du Griechisch sprichst mit ihnen, halten sie dich für einen Fremden. Sie unterstützen ihr Reden mit Gesten, und wenn sie merken, daß man sie versteht, rufen sie erfreut aus: »Er versteht's!«

Das alte Bett aus Eisen, die Fotografien der Vorfahren an den Wänden, die Ikonen, die mit einer Stickerei bedeckte Truhe, ein Faß voll duftenden Korns, der Ölkrug und die von der Holzdecke herabhängenden Knoblauch- und Zwiebelbündel vermitteln jenes süße Gefühl, daß die Zeit in menschlichen Maßen dahinfließt; man fühlt sich weniger fremd und beginnt Handbewegungen und Gesichtsgesten zu erkennen, die man längst vergessen hat.

»Nur noch wenige wohnen im Hauptort«, sagte mir der Fahrer, »das Leben schreitet voran und wehe denen, die das nicht merken. Früher oder später werden alle ans Meer hinunterziehen.« Im Strandkaffeehaus trinke ich mit ihm einen Ouzo und frage ihn, was ich ihm für die Führung schuldig bin. »So viel du willst«, antwortet er. Eine typisch griechische Antwort, die man immer seltener hört und die Ausdruck einer Sinnesart ist, die vor den festen Tarifen und bisweilen überzogenen Forderungen des Tourismusbetriebs hinschwindet. Auf Alonissos geht das Alte noch mit dem Neuen zusammen.

△ *Die technische Industrialisierung der Landwirtschaft hat auf den Inseln noch nicht Einzug gehalten: Nach wie vor wird auf den dafür angelegten einfachen Plätzen das Getreide gedroschen.*

◁ *Auf der Insel Karpathos sind Tradition und Brauchtum noch nicht verlorengegangen. Die kunstvoll reichbestickte Tracht, wie sie hier von einer Frau der Insel getragen wird, gehört heute noch zum alltäglichen Dorfbild.*

▷ *Nicht nur auf Alonissos (unser Bild) finden sich zahlreich die malerischen Bildmotive von alten, buntangestrichenen Häusern, engen Gassen, steilen Stufen mit Ausblick auf Landschaft und Meer, die den Ferienreisenden zu unablässigem Knipsen reizen.*

Dodekanes

Von Patmos bis Kastellorizo

Die Schiffe, die die entlegenen Linien der Ägäis bedienen, ruhen niemals. Sie fahren dauernd, immer die gleiche Rundstrecke, legen an den gleichen Häfen an, zu den gleichen Stunden und Tagen. Oft brauchen die Schiffe drei Tage und Nächte, um ihre Rundfahrt zu den verschiedenen Inseln zu beenden.

Schiffe, die schon lange auf See gedient haben, müde von den Jahren, mit einer Geschwindigkeit, die 13 Meilen nicht überschreitet, bringen die Passagiere in eine andere Welt, die es nicht eilig zu haben scheint und Stunden und Zeiten anders mißt. Die Menschen, die sich auf dem Schiff zusammendrängen, sind ihr Abbild im kleinen. Auf den Sitzen der 3. Klasse drängen sich alle, nicht um sich nur einen Sitzplatz zu sichern, sondern genügend Lebensraum, der es ihnen erlaubt, wenn sie ihre unzähligen Gepäckstücke, die sie gewöhnlich mit sich tragen, geordnet haben, sich ein improvisiertes Bett zu bauen, um zu schlafen. Die Frauen breiten eilig Decken auf den Bänken aus, geben den kleinen Kindern die übliche Dramamine gegen Seekrankheit und rollen sich später mit ihnen ein, ohne sich um das zu kümmern, was um sie herum vorgeht. Wenn das Schiff abfährt, ist es praktisch unmöglich, in den Gängen der 3. Klasse zu gehen, ohne über Gruppen von Menschen zu steigen, die »Reisehaltung« eingenommen haben, vermummt in eine Decke. Dieses charakteristische Bild der Schiffe, wie ich es seit fast dreißig Jahren kenne, bezieht sich nicht nur auf die Räume der 3. Klasse, man begegnet dem gleichen »Kampf um Lebensraum« auch in den Salons der 1. und 2. Klasse.

Der Dodekanes (»Zwölfinseln«), eine Inselgruppe, die die Südküste Kleinasiens einfaßt, erhielt nach lang dauernder italienischer Besetzung erst vor kurzer Zeit seine Unabhängigkeit und wurde 1948 Griechenland wieder angeschlossen. In Wirklichkeit sind es dreizehn Inseln, und wenn man Arki und Lipsi hinzufügt, die zur selben Inselgruppe gehören, kommt man auf fünfzehn Inseln mit bewohnten Siedlungen. Obwohl unter ihnen Rhodos und Kos sind, Inseln mit einer großen touristischen Entwicklung – der Flughafen von Rhodos steht nach seinem Flugbetrieb an zweiter Stelle in Griechenland –, gehören sie insgesamt zu den abseits liegenden, unrentablen Linien. Noch im vergangenen Jahrhundert betrieben einige Inseln, wie Symi, Chalki und Kastellorizo, eine entwickelte Schiffahrt und bedeutenden Handel; jede dieser Inseln hatte mehr als 20000 Einwohner. Heute sind es einige Hundert, und das ist der Hauptgrund ihrer Abgeschiedenheit.

Wenn man auf dem Oberdeck des Schiffes reist, im Angesicht des Himmels, entkommt man dem bekannten unangenehmen Geruch, der alle alten Schiffe begleitet, und dem Gedränge, das bei bewegter See auch den seekrank macht, der dafür nicht anfällig ist. Verfolgt man die endlose Reihe der vorbeiziehenden Inseln, so empfindet man nicht das Vergehen der Zeit: Inseln, felsig und unbewohnt, die man auf den üblichen Karten überhaupt nicht eingezeichnet findet, und Inseln, auf denen ein altes Haus, die Mauer einer Hürde oder ein Stück besiedelten Landes den Eindruck erwecken, daß man in Kürze, nach Umschiffen des Kaps, ein vertrautes Fischerdorf und Menschen sieht, die winken und grüßen. Oft nimmt man auf nächtlicher Fahrt die leuchtende Silhouette eines Schiffs auf dem Meer wahr. Man bewundert die Seeleute, die das Schiff im Dunkel, mitten durch die unzähligen Inselchen, die über die ganze Ägäis verstreut sind, in die verschiedenen Häfen führen.

Es gibt Inseln, die das Linienschiff nie bei Tageslicht sehen, da es auf seiner Route immer nur nachts vorbeikommt. Schon eine Stunde vor der Ankunft versammeln sich der Hafenaufseher, der Vertreter der Schiffsagentur mit seiner Ledertasche, die Bootsleute, die die Passagiere mit einem kleinen Boot zum Schiff bringen (wenn keine Mole zum Anlegen vorhanden ist), die Kaufleute und die Passagiere im Hafencafé und warten geduldig darauf, daß das beleuchtete Schiff vor dem Kap auftaucht. Die seltsame Empfindung, an einem Platz anzukommen oder abzufahren zu einer Zeit, da alle schlafen, erfährt derjenige häufig, der die Inseln des Dodekanes aufsucht.

▷ *Dieses mächtige burgartige Kloster des Aghios Joannis Theologos, nach unserem Sprachgebrauch des Evangelisten Johannes, wurde 1088 von Abt Christodoulos gegründet. Der byzantinische Kaiser Alexios I. (1081–1118) hatte ihm die Insel für seinen frommen Zweck geschenkt. Sie ist der ganzen Christenheit heilig durch die Legenden um Johannes, den Lieblingsjünger Jesu, der dort sein Evangelium und die großartigen Visionen der Apokalypse geschrieben haben soll.*

Folgende Seiten:
S. 60 Ein Mönch des Johannes-Klosters auf Patmos restauriert eine Ikone. Im Gegensatz zu zahlreichen anderen Inselklöstern sind hier noch wunderschöne alte Ikonen, Fresken und Miniaturen vor dem Zugriff der Plünderer gerettet worden.

S. 61 Einer der großen Feiertage auf Patmos ist der Gründonnerstag. Der Abt des Johannes-Klosters wiederholt symbolisch mit seinen Mönchen die Fußwaschung Christi. Die Zeremonie findet auf dem Hauptplatz statt. Im Hintergrund unseres Bildes breitet sich an der Landenge der Hafenort Skala aus.

Patmos

Auf Patmos, der ersten Station auf der Fahrt von Piräus zum Dodekanes, kommt das Schiff gewöhnlich um zwei Uhr morgens an. Am Kai, der voll beleuchtet ist, warten alle, die mit dem Schiff zu tun haben, zusammen mit den Hoteliers, die zum Hafen kommen, um ihre Gäste zu erwarten oder sie unter den Reisenden zu suchen. Wenn man nachts auf einer Insel ankommt und durch die verlassenen Gassen geht, empfindet man jenen Zauber, den alles Unbekannte erzeugt. Noch mehr als das, was man wahrnehmen kann, bezaubern die Dinge, denen man bei Tageslicht zu begegnen hofft. Besonders bei Patmos, das den Ruf hat, eine der schönsten Inseln der Ägäis zu sein, ist es wahrscheinlich, daß man den Rest der Nacht wach bleibt, wenn man bei Vollmond ankommt.

Patmos ist vielleicht die schönste Insel ihrer Art, vielleicht die schönste auf der Welt. Sie war früher ein Verbannungsort. Wer die anderen Inseln der Ägäis kennengelernt hat, die für denselben Zweck benutzt wurden, kann diese Auswahl nur als gewollt oder ungewollt fehlerhaft bezeichnen; denn Patmos hat eine natürliche Schönheit, und die Landschaft beruhigt das Gemüt. Der Evangelist Johannes, der im Jahr 81 n. Chr. von den Römern verbannt wurde, wurde an diesem Ort zu seiner berühmten Apokalypse inspiriert. Im Kloster, dem die sogenannte »Höhle der Apokalypse« angehört, wo nach der Überlieferung der Lieblingsjünger Christi lebte, zeigen die Mönche bei der üblichen Führung dem Fremden die Stelle, wo Johannes sein Haupt hinlegte, wo er sich festhielt, um aufzustehen, und an welcher Stelle er das von Gott inspirierte Werk im Licht einer Kerze schrieb – naive Erläuterungen, die man in diesem Fall gelassen, ja bezaubert, hinnimmt. Die Schönheit, die die Vergangenheit gemeinsam mit der Überlieferung schafft, wäre weniger strahlend, wenn man mit dem Seziermesser der wissenschaftlichen Forschung an diese Legende heranginge.

Das heilige Kloster von Patmos befindet sich in einer mittelalterlichen Burg, die die Spitze des Hügels krönt; es wurde von der byzantinischen Kaiserin Anna Komnini zu Ende des 11. Jahrhunderts gegründet. Dank der Vorrechte, die es sowohl unter den Byzantinern wie unter der Herrschaft der Venezianer und Türken erhielt, erlebten Patmos und seine Klöster eine lange Periode der Ruhe. Dafür zeugt die Menge der Kunstschätze, die man in der Kirche und Schatzkammer des Klosters bewundern kann. Dieses venezianische Gebäude, das im 15. Jahrhundert erbaut wurde, ist erstaunlich gut erhalten. Seine vielen Terrassen bieten einen herrlichen Ausblick nach allen Seiten.

Das Kloster hat eine unerwartet weltoffene Atmosphäre. Der Kühlschrank, der den Besucher in den heißen Sommermonaten

62

mit kühlem Wasser versorgt, die behaglichen Fremdenzimmer und besonders das umgängliche und freundliche Wesen der Mönche offenbaren eine moderne Einstellung, der man selten in anderen Klöstern begegnet. Diejenigen, die Patmos in der Osterzeit besuchen, haben Gelegenheit, an einer Reihe von öffentlichen Liturgien teilzunehmen, die auf dem Hauptplatz gefeiert werden, so die Gründonnerstagsliturgie, in deren Verlauf die Fußwaschung dargestellt wird, in einer eindrucksvollen natürlichen Szenerie.

Was Patmos unter anderem von den übrigen Inseln unterscheidet, ist die einmalige Erhaltung der mittelalterlichen Stadt. Das ist hauptsächlich den Schutzbestimmungen für das Kloster zu verdanken, die die Errichtung moderner Bauten verbieten. Auf der ganzen Insel ist auch der Gebrauch von Leuchtschrift verboten, ebenso die Errichtung von Diskotheken oder anderen Vergnügungsstätten, die den friedlichen Charakter der Landschaft ändern könnten. Patmos ist eine Oase der Ruhe, die sich einige gewitzte Leute vor mehreren Jahren sicherten, indem sie verfallene Häuser der Burg sehr billig kauften und sie wieder restaurierten. Heute jedoch, wie es in solchen Fällen oft geschieht, kosten die übriggebliebenen Ruinen mehr als ein Luxusappartement in Athen.

Die Strände von Patmos in kleinen windgeschützten Buchten bieten das, wovon man träumt, wenn man an eine Insel denkt: ein reines Meer und eine Landschaft, die ihre natürliche Einfachheit unversehrt bewahrt hat. Alle, die abfahren, tragen eine Anzahl der leuchtenden bunten Kieselsteine von der Küste von Lambi mit sich. Die Vielfalt der Formen und Farben verwandelt auch diejenigen, die es sonst als unverständlich empfinden, sich nach Kieselsteinen umzusehen, in begeisterte Sammler. Glücklicherweise erneuert das Meer jedes Jahr die im Sommer geplünderten Mengen, wenn auch in der letzten Zeit die blauen Steine immer seltener werden und bereits Gegenstand regen Tauschhandels sind.

◁ *Die hier an der Luft und Sonne zum Trocknen aufgehängten Tintenfische (Oktapodi) sind – frisch gegrillt – nur eine der vielen Fischspezialitäten, die auf den griechischen Inseln serviert werden.*

▽ *Der Ferienreisende landet im Hafen von Pothia, der einzigen Stadt auf Kalymnos, der Insel der Schwammfischer. Sie sind von April bis Oktober in weiten Meeren unterwegs und werden bei ihrer Rückkehr mit endlosen Festen empfangen.*

Leros

Hat man Patmos zuerst kennengelernt, dann empfindet man notwendigerweise Leros und Kalymnos als ärmlicher; sie sind die folgenden Stationen, wenn man nach Rhodos fährt. Was man am meisten vermißt, ist die ungestörte Ruhe der heiligen Insel und die einzigartige Geschlossenheit der Landschaft. Leros ist eine ganz grüne Insel mit vielen malerischen Buchten und schönen Siedlungen, die rund um die fränkische Burg Aghia Marina konzentriert sind. Als Marinebasis in der Zeit der italienischen Besetzung weist sie eine Vielzahl öffentlicher Gebäude und schöner Villen auf, die sich in den Orangenhainen und Weingärten verbergen. Diese eigenartige Kolonialperiode der Italiener stellt, soweit man aus den Unterhaltungen mit den Einwohnern der Insel schließen kann, für sie eine Periode dar, die ganz und gar keine unangenehmen Eindrücke hinterlassen hat. In diesen Jahren wurden auf dem Dodekanes Straßen und Wasserleitungen gebaut, öffentliche Gebäude im neoflorentinischen Stil errichtet und alle archäologischen Stätten beispielhaft instand gesetzt. Die Italiener gaben besonders Rhodos und Kos ein unverwechselbares Aussehen, das heute noch kennzeichnend und das einzige repräsentative Element ist, das sie vorzuzeigen haben.

Kalymnos

Kalymnos, eines der bedeutendsten Zentren der Schiffahrt auf dem Dodekanes, hat eine lange Überlieferung in der Schwammfischerei und Verarbeitung von Schwämmen. Die Insel erlebte nach der Erfindung des Plastikschwamms und der damit verbundenen verhängnisvollen Verdrängung der Naturware, von der fast die gesamte Bevölkerung lebte, eine Krise, die die Bevölkerung auszuwandern oder andere Tätigkeiten aufzunehmen zwang. Obwohl die Schwammfischer weiterhin alljährlich am 7. Mai zu ihrem großen Abenteuer aufbrechen und man immer noch im Hafen die Schwämme in der Sonne

◁ *Hier trocknet am Kai die Beute eines langen Sommers, Schwämme, die in anstrengender, oft lebensgefährlicher Taucharbeit aus der Tiefe geholt werden. Die Schwammfischerei ist auch heute noch eine wichtige Einnahmequelle der Bewohner.*

▷ *Kos, die Insel des Heilgottes Asklepios, wurde durch den Arzt Hippokrates (um 460–377 v. Chr.) als Kurort und Sanatorium weltberühmt. Er begründete die bis dahin weitgehend mit Magie und Zauberei betriebene Heilkunst als Wissenschaft, indem er Symptome und Abläufe von Krankheiten genau beobachtete, sorgfältig beschrieb und aus seinen Einsichten eine Therapie entwickelte, die neben chirurgischen Eingriffen und Medikamenten auch Diät und psychotherapeutische Methoden einsetzte. Unser Bild zeigt den Platz der Platane des Hippokrates, daneben die türkische Moschee.*

66

◁ *Auf der Insel Astypalea imponiert als bedeutendste Sehenswürdigkeit die venezianische Burg (Kastro), der zweifellos schon eine befestigte antike Akropolis vorangeht. In die Burganlage sind zwei byzantinische Kirchen eingebaut: die des Aghios Ghiorgios und über dem Eingang der Burg die Kirche der Panaghia.*

▷ *Auf schmalen Grundflächen staffeln sich die Häuser von Olympos auf der Insel Karpathos am steilen Berghang übereinander. Die Frauen tragen noch ihre selbstgewebte, buntbestickte Tracht: ein weißes, hochgeschlossenes Hemd, den breiten Gürtel um die Hüfte, eine mantellange Weste aus dunkelblauem Stoff, darüber eine farbige Schürze und ein Kopftuch.*

▽ *Das Heiligtum des Asklepios, südwestlich der Stadt Kos gelegen, entwickelte sich unter Hippokrates zu einem modernen Sanatorium, in römischer Zeit zu einem luxuriösen Kurort der reichen und mondänen Welt. Die völlig zerstörten Anlagen wurden erst zu Beginn unseres Jahrhunderts von dem deutschen Archäologen Herzog wiederentdeckt und in den folgenden Jahrzehnten von den Italienern zum Teil rekonstruiert.*

trocknen sieht, hat sich das Leben auf der Insel geändert. Diese Änderung beseitigt auch ihr Lokalkolorit. Die alten Herrenhäuser, die bis vor wenigen Jahren den Hafen mit leuchtenden Farben erfüllten, mußten unförmigen modernen Bauten Platz machen. Kalymnos ändert sich mit jedem Tag, und wie es scheint, sind die einzigen Gebäude, die übrig bleiben, diejenigen, die im Verlauf der italienischen Kolonialherrschaft entstanden sind.

Kos

Nur drei Meilen trennen Kos von der türkischen Festlandküste. Die Heimat des Hippokrates, des Begründers der wissenschaftlichen Medizin, erlebte wie alle Städte mit langer Geschichte Perioden von Ruhm und Verfall, von Freiheit und Unfreiheit, bis sie 1948 wieder mit Griechenland vereinigt wurde. Im Verlauf ihrer 2000jährigen Geschichte begleitete sie schützend der Ruhm des großen Weisen. Die Chronisten im Mittelalter erwähnen, daß auf Kos die Tochter des Hippokrates als Geist in der Gestalt eines scheußlichen Drachens lebe und auf den Ritter warte, der es wagt, das schreckliche Ungeheuer auf das Maul zu küssen, damit es wieder menschliche Gestalt annehmen kann.
Man sagt, die ersten Einwohner von Kos seien Abkömmlinge von Kolonisten aus Thessalien oder der Argolis. Diese Darstellung versucht, die medizinische Tradition, die sich auf Kos erhielt, den Nachkommen des Gottes Asklepios zuzuschreiben, der im thessalischen Trikkala geboren wurde und sein berühmtes Heiligtum in Epidauros in der Argolis hatte. Aber die Entwicklung des Asklepios-Heiligtums, jenseits irgendwelcher Bindungen der Einwohner von Kos mit dem festländischen Griechenland, ist offenbar ausschließlich dem großen Geist des Hippokrates zu verdanken. Ihm gelang es, indem er die liberalen Bedingungen ausnutzte, die dort herrschten, das erste große medizinische Zentrum der Menschheit zu gründen, wobei er Wissenschaft und Religion trennte. Der große Beitrag des Hippokrates besteht vor allem in der Tatsache, daß er zum ersten Mal wissenschaftliche Beobachtungen durchführte und Handbücher schrieb, die trotz naiver Auffassung, die sie enthalten, die einzigen Hilfsmittel waren, die für die Ausübung der ärztlichen Kunst mehr als 1500 Jahre zur Verfügung standen. Die Tatsache, daß die Volksüberlieferung sich noch 1500 Jahre später mit dem Geist seiner Tochter beschäftigte, zeigt deutlich, wie lebendig in all diesen Jahren sein Ruhm war. Wie alle Städte der Antike ohne expansiven Ehrgeiz hatte Kos von seiner Gründung bis in die Römerzeit unter dem Hin und Her der Einflüsse erfolgreich Bestand. Es erreichte seinen höchsten Ruhm in der Zeit des Hippokrates und erlebte dank dem römischen Kaiser Claudius eine zweite Blütezeit nach seiner vollständigen Zerstörung durch ein Erdbeben im Jahr 26 und 27 n. Chr. Claudius baute Kos wieder auf und gab der Stadt neuen Glanz. Neben dem Asklepios-Heiligtum erwarb Kos kosmopolitischen Ruf, der, wie es scheint, den römischen Philosophen Seneca beeindruckt hat: er beschreibt entzückt die hauchdünnen Gewänder der Frau von Kos, die »beim Gehen den Eindruck erwecken, daß sie völlig nackt seien«.
Nach der Gründung des Oströmischen Reiches folgte Kos dem Schicksal von Byzanz. Nach der Auflösung des Reiches durch die Franken kam es für drei Jahrhunderte unter die Herrschaft der Ritter von Rhodos und schließlich nach 1522 unter die der Türken, die es bis 1912 behielten.
Die bedeutendsten Denkmäler von Kos gehören der römischen Periode an. Während der italienischen Besetzung beispielhaft wieder instand gesetzt, geben sie ein plastisches Bild jener Zeit. Das Asklepios-Heiligtum liegt fünf Kilometer außerhalb der Stadt. Es ist in einer eindrucksvollen Gegend erbaut. Die Überreste breiten sich auf zwei mit einer großartigen Treppe verbundenen Ebenen aus. In der Stadt gibt es außer der antiken griechischen Agora, von der nur wenig erhalten ist, das Gymnasium, von dem siebzehn der fünfzig Säulen, die es umrahmten, wieder aufgestellt sind, ein römisches Odeon, die Casa Romana, ein wundervolles Beispiel der Wohnhäuser aus römischer Zeit mit Mosaiken und Wandmalereien, das Nympheion (Nymphen-Heiligtum) und eine große Anzahl Mosaiken aus hellenistischer Zeit, unter denen der »Raub der Europa« und das »Urteil des Paris« herausragen.
Die heutige Stadt entwickelte sich in den Jahren der italienischen Besetzung. Gebäude im neokolonialen Stil, klassizistische Häuser und türkische Moscheen, antike Ruinen und mittelalterliche Burgen, Boulevards mit Palmen und Gärten mit Bougainvillen existieren hier nebeneinander, ohne daß ihre verschiedene Herkunft stört. Die Insel des Hippokrates sucht heute ihre kosmopolitische Atmosphäre wiederzugewinnen, die sie einmal hatte. Sie wird zum Wallfahrtsort nicht mehr von Kranken, sondern von Touristen, die statt zu den Heilquellen des Asklepios zu pilgern, die erholsamen Küsten von Kos mit seinem blauen Meer aufsuchen.
Die antiken Funde der Insel reichten den Einwohnern als Hinweis auf Hippokrates nicht aus. Auf einem hübschen Platz, rechts von der Hafenfestung, trifft der Besucher auf eine alte, eindrucksvolle Platane, deren Stamm angeblich 12 Meter Umfang hat und die man Platane des Hippokrates nennt. Es hat wohl kaum jemand nachgemessen, auch ich nicht; aber das Bild dieses uralten Baumes, der sich auf alte Säulen stützt und einstmals, wie die Einheimischen behaupten, mit seinem Schatten Hippokrates erfrischt hat, war für mich sehr bewegend. Die Wahrheit ist nicht so wichtig. Ein so eindrucksvoller Baum, der mehr als 1000 Jahre mit dem Leben der Stadt verbunden ist, ist ein Denkmal, das älteste lebende Denkmal von Kos zusammen mit dem wissenschaftlichen Werk des Arztes Hippokrates. Es ist begreiflich, daß die Volksüberlieferung beides, Legende und Wirklichkeit, verbindet.

Nisyros

Die Touristenbüros von Kos organisieren Tagesausflüge zu den Nachbarinseln, um den Besuchern Abwechslung zu bieten. Einer der interessantesten Ausflüge führt zur Insel Nisyros, die nach der griechischen Mythologie während des Gigantenkampfes entstanden ist, als Poseidon ein Stück von Kos abriß, um damit den Giganten Polybotes zu töten. Die runde Insel besitzt eine reiche Vegetation, die sie einem Vulkan verdankt, der sich genau in ihrem Zentrum befindet. Er ist ein geologisches Phänomen, das die Menschen schon immer besonders beschäftigt hat. Sie glauben, sich an der Grenze zum Reich des Giganten Enkelados zu befinden, wenn sie sich dem Vulkankrater nähern. Da ein Autobus fehlt, sitzt man auf der Fahrt zum Krater zusammengedrängt auf den Holzbänken eines klapprigen Lastwagens, der sichtlich größere Gefahren birgt als die Begegnung mit Enkelados. Am gewaltigen Vulkankrater spüren die Besucher den Atem der Erde, der sich mehrere tausend Meter unter ihren Füßen regt. Sie machen ihre gewohnten Erinnerungsfotos und vergessen das Abenteuer der Hinfahrt. Nach Mantraki zurückgekehrt, dem Hauptort der Insel, der den Platz der antiken Stadt einnimmt, kann man durch die malerischen Gassen wandern und zum befestigten Kloster aufsteigen, von wo man einen genußreichen Blick auf die Küste mit den graugrünen Felsen und den schwarzen Kieseln hat, die im Licht der Sonne blinken. Wer aber nicht die Absicht hat, die Erdgottheiten herauszufordern, kann die kurze Zeit des Ausflugs zu einer Rundfahrt auf der Insel ausnutzen und zwei hübsche Orte kennenlernen: Emporio und Nikia. Nikia liegt auf einem Hügel, von dem man den schönsten Blick auf den eindrucksvollen Vulkankrater hat.

Folgende Seiten:
S. 70 Symi ist eine mythenreiche Insel: Von hier sollen die Argonauten ausgefahren sein, hier soll Prometheus die ersten Menschen aus Ton geformt haben. Die Stadt hat sehenswerte Herrenhäuser aus der Zeit um 1700 aufzuweisen. Anstelle der antiken Akropolis erhebt sich die Johanneskirche mit ihrem Glockenturm.

S. 71 Hoch am Berghang von Olympos auf der Insel Karpathos steht eine Reihe alter Windmühlen, in denen heute noch das Getreide gemahlen wird.

▽ *Eines der alten Herrenhäuser auf Karpathos stellt seine Prunkstube zur Schau: bemalte Keramik, selbstgewebte, buntbestickte Textilien, reichverziertes Schnitzwerk.*

71

Rhodos

Die meisten Inseln des Dodekanes haben ein asketisches Gepräge: ihre Ausdehnung ist gering, der Boden unfruchtbar, die Vegetation spärlich. Die einzige Ausnahme in dieser Inselgruppe ist Rhodos, die viertgrößte griechische Insel. Sie verfügt über fruchtbaren Boden und eine privilegierte geographische Lage an der großen Schiffahrtsstraße, die Tausende von Jahren Europa mit dem Osten verband. Rhodos stand immer im Zentrum der Entwicklungen im Mittelmeer und spielte eine bedeutende wirtschaftliche und politische Rolle. Ergebnis der dauernden geschichtlichen Bedeutung ist sein großer Reichtum an Denkmälern. Im Gegensatz zu anderen griechischen Städten, die am Ende der antiken Zeit verschwanden, lebte Rhodos in den folgenden Epochen intensiv, von der byzantinischen Zeit bis zum Untergang der venezianischen Republik. Das hatte zur Folge, daß sich die heutige Gestalt der Stadt völlig von der anderer griechischer Städte unterscheidet. Mit Überraschung entdeckt der heutige Besucher an den Grenzen zum Orient eine mittelalterliche Stadt mit gotischem Charakter.

Rhodos hat sich dank seinem reichen kulturellen Erbe und dem milden Klima zu einem der bedeutendsten Urlaubszentren des Mittelmeers und der ganzen Welt entwickelt. Mit einer Bevölkerung, die 60000 nicht überschreitet (etwa die Hälfte wohnt in der Stadt), beherbergt es alljährlich mehr als 500000 Fremde. Im Sommer treffen auf einen Einheimischen zwei Fremde.

Diese Entwicklung von Rhodos ist nicht zufällig. Da es über eine besonders abwechslungsreiche Landschaft verfügt, viele Altertümer besitzt und eine der schönsten und besterhaltenen mittelalterlichen Städte ist, bietet es ideale Bedingungen für die Nordeuropäer, hier ihre Ferien zu verbringen. Zweitausend Kilometer von ihrer Heimat entfernt, treffen sie auf eine Umgebung, die ihnen in der Architektur vertraut ist und den Vorzug besitzt, daß fast immer die Sonne scheint und das Meer in den meisten Monaten des Jahres zum Baden einlädt.

Die ersten Bewohner von Rhodos waren die Dorer. Zunächst gründeten sie drei Städte, Ialysos, Lindos und Kamiros, die mit Kos und den benachbarten Städten Kleinasiens – Knidos und Halikarnassos – die Hexapolis (Sechsstädtebund) bildeten. Dieser politische Bund erlebte eine lange Blütezeit und seinen Höhepunkt im 6. Jahrhundert unter der Leitung des »Tyrannen« Kleobulos, des Königs von Lindos. Der Ruhm seiner großen Persönlichkeit drang über die Grenzen der Insel; die Geschichte reiht ihn unter die Sieben griechischen Weisen ein. Nach einer kurzen Periode der Unterwerfung durch die Perser traten die Rhodier nach dem Jahr 477 v. Chr. dem attischen Seebund bei, den die Athener gegründet hatten. Im Goldenen Zeitalter der athenischen Herrschaft entwickelte sich Rhodos weiter und erwarb große politische und wirtschaftliche Macht. 409 v. Chr. beschlossen die drei Städte von Rhodos, eine neue Stadt an der nordöstlichen Spitze der Insel zu gründen. Sie riefen aus diesem Grund den bedeutenden Architekten Hippodamos aus Milet herbei. So entstand die Stadt Rhodos, die in kurzer Zeit das wirtschaftliche und religiöse Zentrum der Insel wurde und nach und nach die Städte, die es gegründet hatten, in den Schatten stellte. In den folgenden zwei Jahrhunderten gelang es den Einwohnern von Rhodos als Bundesgenossen der Athener, dann der Spartaner, der Makedonen und oft im Bündnis mit den Persern, ihre wirtschaftliche und militärische Macht zu festigen. Als sie im Jahre 305 v. Chr. mit den hellenistischen Staaten des Ostens zusammenstießen, leisteten sie der ein Jahr dauernden Belagerung durch Demetrios Poliorketes erfolgreich Widerstand. In der Folge entwickelte sich die Stadt zu einer unangefochtenen Seemacht, die im Mittelmeer dominierte. In den Jahren, die bis zur Vorherrschaft der Römer folgten, bestimmte Rhodos den Handel. Die Münze von Rhodos war genauso währungsfest wie die der Athener in ihrem Goldenen Zeitalter. Es entstanden die ersten Grundlagen für ein Handelsrecht, das später der römische Kaiser Augustus ergänzte. Der ungeheure Reichtum, der sich auf der Insel konzentrierte, förderte eine sprunghafte kulturelle Entwicklung. Es wurden öffentliche Gebäude, Theater, herrliche Heiligtümer errichtet, und bedeutende Künstler, wie Lysipp, schufen Bildwerke, um die aufstrebende Stadt damit auszustatten. In dieser Zeit schmückten außer dem berühmten Koloß von Rhodos und dem Wagen des Helios, Werken des Lysipp, noch 2000 Standbilder, davon 100 Kolossalstatuen, die öffentlichen Plätze der Stadt. Mit dem Aufstieg der Römer und der Entwicklung des Hafens von Delos beginnt Rhodos seine große Macht zu verlieren. 395 n. Chr. wurde es eine einfache Provinz des Byzantinischen Reiches.

In der Zeit der lang dauernden Kämpfe der Byzantiner gegen die Sarazenen und die Araber wurde Rhodos häufig überfallen und geplündert. Es erscheint im 12. Jahrhundert wieder auf der Bühne der Geschichte, als die Auseinandersetzung zwischen Lateinern und Ottomanen um das Erbe des Byzantinischen Reiches begann. Schon 1248 – zwei Jahrhunderte vor der endgültigen Auflösung des Byzantinischen Reiches – kam Rhodos unter die Herrschaft der Genuesen, und ein halbes Jahrhundert später wurde es den Rittern des heiligen Johannes von Jerusalem (Johanniter) übereignet. Als diese von den heiligen Stätten durch die Araber vertrieben wurden, zogen sie sich zuerst nach Zypern zurück und richteten sich schließlich auf Rhodos ein. Dort schufen sie eine starke Flotte, befestigten die Stadt und beschäftigten sich mit Handel. Die strategische Lage der Insel brachte sie oft in Gegensatz zu den Türken, die mit Mißfallen

Über den Hafenanlagen von Rhodos erhebt sich in beherrschender Lage der Palast des Großmeisters des Johanniterordens, der von Beginn des 14. Jahrhunderts bis zur Eroberung der Insel durch die Türken (1522) hier seinen Sitz hatte. 72

das feste Bollwerk der Franken an ihrer Flanke betrachteten. Zweimal, 1444 und 1488, versuchten sie – ohne Erfolg –, Rhodos einzunehmen. Erst im Jahre 1522 setzten sie wieder ein Heer von 100000 Mann mit Suleiman II. an der Spitze in Bewegung und zwangen die Ritter von Rhodos nach einer blutigen, sechsmonatigen Belagerung, ihre Niederlassung aufzugeben.

Nach der Einnahme durch die Türken begann eine Periode langsamen Verfalls. Mit der Übertragung des Dodekanes an die Italiener (1912) wurde eine neue Seite in der Geschichte von Rhodos aufgeschlagen. In den kaum 36 Jahren, die die italienische Besetzung dauerte, erlebte die Insel eine außerordentliche Entwicklung, die – so paradox es erscheint – dem Neokolonialismus zu verdanken ist, der sich in Italien mit dem Aufstieg des Faschismus durchsetzte. Rhodos war die erste italienische Kolonie, die, nach den Erzählungen der Einwohner zu urteilen, eine aristokratische Erscheinung gehabt haben muß. Diese Insel hatte außer ihrer strategischen Bedeutung den neuen Eroberern nichts zu bieten. Das einzige, was sie ihnen schenken konnte, war das milde Klima und ihre natürlichen Schönheiten. So wurde Rhodos als zukünftiger Urlaubsort der italienischen Würdenträger auserwählt. Die Liebe der Italiener für die mittelalterlichen Denkmäler veranlaßte sie, die Stadt der Johanniter wiederaufleben zu lassen, die unter der Herrschaft der Türken ihren Charakter verloren hatte. Die mittelalterlichen Stadtviertel wurden von Ruinen und eigenmächtigen Bauten gereinigt, und es begann ein systematischer Wiederaufbau, der viele Jahre erforderte. Zur gleichen Zeit wurden Grabungen auf der antiken Akropolis von Rhodos, in Lindos, Kamiros und Ialysos vorgenommen, und es begann die Erschließung einer Reihe landschaftlicher Schönheiten, wie Kallithea, des Tales der Schmetterlinge, Philerimos und Elaphos. Der Palast der Großmeister, der gleichzeitig Festung gewesen war, war durch die Explosion eines Pulvermagazins im Jahr 1856 vollkommen zerstört worden. Im allgemeinen Bestreben, die alte Größe wiederaufleben zu lassen, zögerte man nicht, den Palast neu zu errichten, allerdings in einem Stil, der nicht genau dem Palast der Johanniter entsprach. Der Bau muß enorme Summen gekostet haben, wie man sich vorstellen kann, wenn man ihn heute betrachtet. Auch der Hafen wurde vollständig neu errichtet, wobei man sich ebenfalls bemühte, seine alte Gestalt wiederherzustellen, die Stadt selbst mit eindrucksvollen öffentlichen Gebäuden ausgestattet, die in einem eigenartigen Neo-Renaissance-Stil gehalten sind. Es folgte der Krieg, der Untergang des Faschismus und die Befreiung des Dodekanes. Rhodos hatte sich in eine der beneidenswertesten Inseln des Mittelmeeres verwandelt und wurde einer der Hauptanziehungspunkte des zeitgenössischen Tourismus. Viele werfen den Italienern Übertreibung im Neuaufbau von Rhodos vor. Wenn man heute, nach dreißig Jahren, die Insel sieht, muß man sagen, daß die Werke jener Zeit im Vergleich mit der folgenden anarchistischen Entwicklung eine durchdachte Dimension hatten, auch abwechslungsreich und häufig mit Einfühlungsvermögen plaziert wurden, wie man es selten findet. Ein charakteristisches Beispiel für die Achtung vor der natürlichen Umgebung ist die Nutzung der Quellen von Kallithea. Die Installationen sind so vorgenommen worden, daß sie von der Straße aus, die daran vorbeiführt, unsichtbar sind. Dieses ausgezeichnete Werk, das durch seine Harmonie besticht, wurde leider vernachlässigt und zeigt Anzeichen des Verfalls. Wie schon zur Zeit der Ritter, so ist Rhodos auch noch heute in Klassen geteilt. Die Hoteliers ersetzen die Großmeister, die Souvenirverkäufer und die Angestellten die Händler und Seeleute. Im Hafen landen nicht mehr venezianische Galeeren, sondern riesige Schiffe auf Kreuzfahrt. Yachten und kleine Segelboote setzen täglich Tausende von Fremden an Land, die nach einer Blitztour zu den Sehenswürdigkeiten der Insel wieder abrauschen.

Die einzigen, die der Wandel nicht berührt hat, sind die Landbewohner. Man braucht sich nur wenige Kilometer von der Stadt zu entfernen, um den vertrauten Anblick des Bauern zu finden, der das Land mit dem Pflug bearbeitet, und des Hirten, der mit seiner Herde an den Berghängen entlangzieht. Auch die kleinste Insel reicht in unseren Tagen aus, die größten Gegensätze zu beherbergen.

Den Freunden der Archäologie bietet Rhodos einen überaus breiten Bereich aller geschichtlichen Epochen. Überall entdeckt man Denkmäler, die mit Sorgfalt und Umsicht erhalten werden. Von den Städten der alten Hexapolis zeichnet sich besonders Lindos aus. Die Akropolis, die eindrucksvoll über dem Meer herrscht, gehört zu den harmonischsten Ensembles, die uns die griechische Antike vererbt hat. Das heutige Lindos, am Fuß der Akropolis, zeichnet sich durch sein kräftiges mittelalterliches Kolorit aus. Manche Häuser haben ihre gotischen Fassaden rein erhalten, und überall ist ein großer Reichtum von Schmuckelementen aus dieser Epoche zu sehen. In Kamiros haben die systematischen Grabungen der Italiener die Überreste einer hellenistischen Stadt ans Licht gebracht. Die Straßen, Tempel und Häuser erstrecken sich längs eines malerischen Tals und geben ein eindrucksvolles Bild vom Städtebau jener Zeit. Im antiken Ialysos, das an der Stelle des heutigen Philerimos lag, ist eine dorische Quelle erhalten, von der aus der Besucher eine Landschaft von einzigartiger Schönheit bewundern kann. Vom antiken Rhodos sind nur wenige Dinge erhalten, konzentriert vor allem auf den Bereich der Akropolis. Außer einigen Säulen des dorischen Apollontempels ist nichts Originales mehr vorhanden. Das Theater und das Stadion sind mit modernem Material neu errichtet worden und bieten nicht mehr als eine kühle Neuauflage der antiken Stätten.

Der eigentliche Reichtum von Rhodos liegt in seinen mittelalterlichen Denkmälern. Manche, wie die Straße der Ritter, sind einmalig auf der Welt. Das sogenannte Ordenshospital, das im Jahre 1489 gegründet wurde, ist das bemerkenswerteste Gebäude gotischen Stils, das aus jener Zeit erhalten ist. In seinen

Wie der Großmeisterpalast wurde auch die zu ihm führende Ritterstraße weitgehend in ihrer ursprünglichen Gestalt wiederhergestellt – eine eindrucksvolle Straßenflucht, hinter der sich die Herbergen von Rittern aus ganz Europa reihten.

◁ *Die in flachem Relief reichskulpierten Tür- und Fensterumrahmungen der sogenannten Kapitänshäuser auf Lindos haben die Besitzer im 16. und 17. Jahrhundert nach Vorbildern der Ritterhäuser in Rhodos kopieren lassen.*

Rechts oben und unten:
Die hoch über Lindos aufragende Akropolis birgt eine Folge von uralten Heiligtümern. Der Kult der Athena Lindia stammt vermutlich aus dem 9. Jahrhundert v. Chr. Der wieder aufgerichtete Tempel aus dem Ende des 4. Jahrhunderts v. Chr. erhebt sich über einem steilen Felsabsturz von 28 Metern Höhe mit einer uralten heiligen Höhle. Die Rhodos-Ritter bauten den Felsen zu einer mächtigen Burg aus.

Räumen beherbergt es heute die archäologischen Funde von Rhodos. Der Palast der Großmeister beeindruckt mit seiner Baumasse. Der Palast war dazu bestimmt, den italienischen König Viktor Emanuel zu beherbergen; er wurde mit außerordentlicher Sorgfalt wiedererrichtet. Um möglichst große Pracht zu entfalten, wurden seine Fußböden mit Mosaiken aus hellenistischer und frühchristlicher Zeit geschmückt, die man vor allem von Kos herüberbrachte. Diese Mosaiken, die der Eigennutz rettete, sind das Bedeutendste in diesem Palast.

Die Sokratesstraße, die an der Moschee endet, die vom Zerstörer von Rhodos, Suleiman II., erbaut wurde, und der Platz von Symi sind die belebtesten Stellen der mittelalterlichen Stadt: ein nicht endender Basar von Andenkengeschäften, von Cafés und Tavernen unterbrochen, den ganzen Tag voller Menschen. Mit Erstaunen entdeckt man, daß sich wenige Meter entfernt das Leben in einem anderen Rhythmus fortsetzt. Eine Bevölkerung, die häufig in lebhaften Kontrast zu der sie umgebenden bunten touristischen Menge tritt, lebt in derselben einfachen Art, in denselben Häusern wie die Menschen vor 500 Jahren. Wenn man die mittelalterlichen Türen durchschreitet, stößt man auf Höfe, die mit intensiven Farben bemalt sind (Lila, Gelb und Türkis), Kinder, die sorglos spielen, Frauen, die, auf Bänken sitzend, ein Schwätzchen halten und eine Zigarette rauchen. Die Epochen begegnen sich in den Mauern der alten Stadt und schaffen eine surrealistische Szenerie.

Sonntagnachmittag auf der Sokratesstraße: ein nicht enden wollendes Kommen und Gehen. Aus den Lautsprechern schallt immerzu das Lied »Kaimos« (»Kummer« – ein bekanntes Lied von Theodorakis), blonde Fremdenführer erklären in eigenartig klingenden skandinavischen Sprachen die Sehenswürdigkeiten, die Rufe der Straßenverkäufer und als Begleitung der lärmenden Szenerie die hastige Stimme eines Reporters, der ein Fußballspiel kommentiert. Rhodos ist eine Stadt, die zur gleichen Zeit viele Leben lebt und alle intensiv.

Die Reisenden des Mittelalters erwähnten mit Bewunderung, daß die Einwohner der Insel dank des ausgezeichneten Klimas mehr als hundert Jahre lebten, und beschrieben den Hafen als den schönsten und reichsten zwischen Venedig und Jaffa. Ich weiß nicht, ob das Klima Langlebigkeit fördert, aber auf jeden Fall trägt es dazu bei, daß man in allen Jahreszeiten angenehm lebt; die Stadt der Ritter bewahrt ihr Prädikat als schönste Stadt zwischen Venedig und Jaffa.

Der Dodekanes endet für die touristischen Führer in Rhodos.

Die ummauerte Altstadt von Rhodos mit ihren zahlreichen architektonischen und dekorativen Denkmälern, ihren Fassaden, Türmen und Toren – oben das St.-Johannes-Tor – und den schmalen, mit Schwibbogen überspannten Gassen bietet einen einzigartig einheitlichen Eindruck der Wohnkultur aus der Zeit der Ordensritter.

Die übrigen Inseln ergänzen nur der Zahl nach diese Inselgruppe und werden in der Regel übergangen. Jedoch haben auch Astypalea, Symi, Kastellorizo und Karpathos (um mich auf die bedeutendsten Inseln am Rand des griechischen Archipels zu beschränken) ihre besonderen Reize, ihre jeweils eigenartige Atmosphäre, die von der auf Rhodos und den übrigen Inseln der Ägäis verschieden ist. Symi und Kastellorizo, im vergangenen Jahrhundert belebte Schiffahrts- und Handelszentren, haben den Zauber alter Städte, die plötzlich erloschen sind. Mit einer Bevölkerung, die einst 20000 überschritt (Symi zählt heute 2000 Einwohner, Kastellorizo 400) führen diese Inseln mit ihren verschlossenen und verriegelten Herrenhäusern eine seltsam stille, fast unwirkliche Existenz.

Karpathos

Neben diesen vergessenen Städten, in denen der Stillstand der Zeit allmählichen Verfall bedeutet, neben der Öde von Symi, die der Tourismus zu verdrängen sucht, neben der Erstarrung, die man in den leeren Häusern und den Gesichtern der Menschen von Kastellorizo entdeckt, gibt es auf dem Dodekanes auch eine andere Insel, deren äußerer Stillstand in sich ein übervolles Leben birgt. Es ist die unbekannte Insel Karpathos, eine der ursprünglichsten Gegenden Griechenlands. Die dortigen Menschen wollen sich bewußt nicht der modernen Zivilisation unterordnen. Sie kämpfen darum, einen Lebensrhythmus zu erhalten, der in anderen Gegenden schon längst Vergangenheit geworden ist. Auf Karpathos mahlen die Einwohner ihr Getreide wie seit jeher in Windmühlen, sie bauen ihre Häuser wie vor 300 Jahren, sie schmücken die Sofades, wie sie den überhöhten Raum nennen, der als Schlafzimmer dient, mit Holzschnitzereien, für die ein Handwerker mehr als ein Jahr braucht. Die Mädchen weben wie eh und je am Webstuhl ihre Gewänder und besticken sie reich mit den Mustern, die die Reisenden beschrieben, die Karpathos vor 300 Jahren besuchten. Der Fremde ist mehr als nur gastlich aufgenommen, er ist einer der Ihren. Sie nehmen ihn in ihr Haus auf und bereiten ihm das Nachtlager im besten Zimmer, wie in früheren Zeiten. Nichts ist bewegender und menschlicher als die Begegnung mit diesen Menschen. Sie weinen beim Abschied, weil man für sie, auch wenn man nur wenige Stunden an ihrem Tisch saß, ein Angehöriger ist, der nun, vielleicht für immer, Abschied nimmt. Sie haben eine lange Tradition in solchen Verabschiedungen.

79 *Die Einfahrt zum alten Hafen Mandraki von Rhodos schützte das St.-Nikolaus-Fort. Hier stand lange zuvor der sogenannte Koloß von Rhodos, eine Riesenstatue des Sonnengottes Helios, eines der Sieben Weltwunder der Antike. Das um 900 v. Chr. errichtete Bronzebildwerk, vermutlich zwischen 30 bis 36 Meter groß, fiel schon 70 Jahre später einem Erdbeben zum Opfer.*

Kreta

Der Planet des Minos

Bis zum Beginn unseres Jahrhunderts war die Sage vom König Minos von Kreta und dem berühmten Labyrinth, in dem der Minotauros eingeschlossen war (Frucht der illegitimen Verbindung der Königin Pasiphae mit einem Stier) ganz und gar nicht glaubhaft. Sie war noch weniger glaubhaft als die Existenz des mythischen Troja, bevor Schliemann zu seinem großen archäologischen Abenteuer aufbrach. Als er sich aufmachte, Troja und Mykene zum Leben zu erwecken, hatte er die Texte der Ilias zur Hand. Dem amerikanischen Archäologen Arthur Evans stand nichts dergleichen zur Verfügung, als er im Jahr 1900 mit der Ausgrabung von Knossos begann.

Die Funde von Mykene und Troja datierten die Anfänge der griechischen Kultur um 500 Jahre früher; die Funde von Knossos und den anderen Palästen machten mit einer bis dahin völlig unbekannten eigenständigen kulturellen Epoche bekannt, die 1000 Jahre vor der Zeit begann, die in den Homerischen Epen beschrieben wird.

Der minoische Palast von Knossos mit seinen fünf Stockwerken und 1200 Räumen, ein Werk des mythischen Architekten Dädalus, vermittelt dem heutigen Besucher dank der teilweisen Wiederherstellung durch Evans einen nachhaltigen Eindruck von seinen Dimensionen und seiner Pracht. Der Mythos vom Labyrinth ist keine sagenhafte Übertreibung, sondern eine Wirklichkeit, die man mit Händen greifen kann, wenn man durch den wiedererrichteten Teil des Palastes geht, in dem sich der berühmte Thronsaal befindet. Noch bedeutender als die Bestätigung der Sage war der unglaubliche Reichtum an Funden aus jener Epoche. Das Museum von Heraklion (Iraklion), das diese Funde beherbergt, ist eines der bedeutendsten der Welt. Was dort in den Vitrinen ausgestellt ist, ist einmalig und nur dort vorhanden.

Die Geschichte hat uns keinerlei Auskünfte über diese Kultur hinterlassen. Auch die Entdeckung der einzigen schriftlichen Zeugnisse der berühmten Texte in Linear A brachte keine neuen Erkenntnisse. Sie sind noch nicht entziffert, und ihre geringe Anzahl bietet keine Gewähr, daß sie den Wissenschaftlern ausreichende Informationen liefern, um das Dunkel um die jahrhundertealte Geschichte der minoischen Städte zu erhellen. Daher versuchen die Archäologen, indem sie die Wandmalereien, die Darstellungen auf Gefäßen, die Siegelsteine mit ihren Darstellungen von einzigartiger Feinheit deuten, die Geheimnisse der kretischen Kultur zu enthüllen. Sie wird in drei große Perioden unterteilt: in die Vorpalastzeit (2700–1900 v. Chr.), die Zeit der alten Paläste (1900–1750 v. Chr.) und die Zeit der neuen Paläste (1750–1450 v. Chr.).

Im ersten Zeitabschnitt leben die Einwohner Kretas in Gemeinschaften mit einfachen politischen Strukturen, und ihre verschiedenen wirtschaftlichen und künstlerischen Aktivitäten beschränken sich darauf, die Erfordernisse kleiner Gruppen zu befriedigen, die zerstreut an verschiedenen Stellen der Insel leben. In der zweiten Periode vereinigen sich die Gemeinschaften zu größeren Gruppen und unterwerfen sich einer Zentralgewalt. Jetzt entstehen zur gleichen Zeit in Knossos, Phaistos und Mallia Paläste. Die dritte Periode, die um 1750 beginnt, kennzeichnet ein großer ökonomischer Aufschwung, der sich auf die Ausdehnung des Handels über den Raum des Mittelmeeres und das Auftreten Kretas als Seemacht erster Ordnung stützt. Die minoischen Paläste wurden um das Jahr 1750 wahrscheinlich durch ein Erdbeben völlig zerstört, aber sofort wieder errichtet – ein Umstand, der zeigt, daß sich Kreta in einer Blütezeit befindet und die Katastrophe rasch überwindet. In dieser dritten Epoche verstärkt sich die Zentralgewalt. Knossos setzt sich als einziges Verwaltungszentrum Kretas durch (wahrscheinlich unter König Minos), und zwar zu Lasten der konkurrierenden Städte Phaistos und Mallia. Damals wird auch das vierte große minoische Zentrum Zakros im Ostteil Kretas gegründet, offenbar um den Handel mit Afrika und den Ländern des Ostens zu fördern. Die große Macht und der Reichtum, den Knossos erwirbt, zeigen sich in den reicher entwickelten Formen der Palast-Architektur. Auch die Kunst entfaltet sich zu hoher Blüte. Zu der Keramik, der Siegelgravierung, der Steinbearbeitung, die sich in den beiden vorhergehenden Perioden entwickelt hatten, tritt noch freie Plastik und Malerei. Das Ende der minoischen Kultur kommt um 1400 v. Chr. Obwohl man keine Zeugnisse hat, nimmt man an, daß der Untergang der minoischen Städte mit dem Einfall der Achäer zusammenhängt, der nach der neuen furchtbaren Erdbebenkatastrophe erfolgt, von der Kreta um 1450 v. Chr. heimgesucht wird.

Der Palast von Knossos, dessen Ausdehnung auf 22000 Quadratmeter geschätzt wird, war Verwaltungs- und religiöser Mittelpunkt von Kreta. Er umfaßte außer den königlichen Gemächern die Schatzkammer, ausgedehnte Lagerräume und Werkstätten für Töpferei und Siegelgravierung. Sie bezeugen, daß die Zentralgewalt die absolute Kontrolle über Gewerbe und

Die Samaria-Schlucht in den Weißen Bergen – 48 Kilometer lang und bis zu 600 Meter tief eingeschnitten – bietet dem Wanderer und Naturfreund ein einzigartiges Erlebnis.

△ *Unter den reichen Funden des Palastes Aghia Triada auf Kreta ist der bemalte Steinsarkophag das berühmteste Kunstwerk. Links gießen drei Frauen unter Kitharamusik Opfergetränke in ein großes Mischgefäß, rechts überbringen drei Männer dem Toten Opfergaben: zwei Kälbchen und ein Schiff. Man datierte das Werk um 1400 v. Chr.*

▷ *Der englische Archäologe Arthur Evans hat das Treppenhaus zu den königlichen Gemächern im Palast von Knossos in Beton rekonstruiert. Die sich nach unten verjüngenden Säulen waren ursprünglich auf Holz, die Wände mit Fresken bemalt – ein lichtdurchflutetes, farbiges Interieur.*

◁ *Das Zimmer (Megaron) der Königin, an das sich der Baderaum und die Toilette anschließen – Teile des verwirrenden Labyrinths der Palastanlage in Knossos. Über der Eingangswand eine Rekonstruktion des Delphinenfreskos, das hier gefunden wurde.*

83

Handel hatte. Die Paläste von Phaistos und Mallia waren kleiner, aber ihre Gliederung zeigt viele Ähnlichkeiten mit der Anlage von Knossos. Der Palast von Zakros, der im Jahr 1960 entdeckt wurde, ist für die archäologische Wissenschaft von besonderem Interesse, weil in seinen Trümmern nahezu alles bewegliche Mobiliar gefunden wurde. Die Fachgelehrten nehmen an, daß er so plötzlich verlassen werden mußte, daß die Einwohner nicht mehr dazu kamen, irgend etwas mitzunehmen. In einem Brunnen entdeckten die Archäologen mit Überraschung Oliven und andere Nahrungsmittel, die sich über 3500 Jahre völlig erhalten hatten.

Außer den großen Palästen von Knossos, Phaistos, Mallia und Zakros wurden eine große Anzahl minoischer Siedlungen und einzelner Gebäude an verschiedenen Stellen Kretas entdeckt. Wenige Kilometer westlich von Phaistos wurde der sogenannte Landsitz von Aghia Triada gefunden, der nach Ansicht der Archäologen die Sommerresidenz des Fürsten von Phaistos war. Die Ausgrabungen an diesem Ort brachten zahlreiche Gefäße ans Licht und den einzigen Sarkophag mit gemaltem Dekor, der in Kreta gefunden wurde. Seine völlig erhaltenen Darstellungen von religiösen Feiern geben wertvolle Auskünfte über das Leben der Minoer; er wird als einer der bedeutendsten Funde betrachtet, die im Museum von Heraklion ausgestellt sind. In der Gegend von Gurnia, in der Provinz Lassithi, wurde eine Siedlung gefunden, die dem Besucher ein deutliches Bild von dem Aussehen der minoischen Städte bietet, obwohl sie nicht zu den bedeutendsten gerechnet wird. Sie ist an den Hängen eines flachen Hügels gegenüber dem Meer erbaut und umfaßt viele guterhaltene Häuserkomplexe, die voneinander durch gepflasterte Straßen und Stiegen getrennt werden. Glücklicherweise konnten die Funde der minoischen Kultur, dank der Tatsache, daß sie vor kurzer Zeit in organisierten Grabungen unter staatlicher Aufsicht entdeckt wurden, als Ganzes im Museum von Heraklion konzentriert werden.

Diese einzigartige Vielfalt der Funde erlaubt es, die Entwicklung der minoischen Kunst in allen ihren Erscheinungsformen zu verfolgen. Hauptausdruck der kretischen Kultur in den Jahren der Vorpalastzeit ist die Keramik. Die Gefäße dieser Epoche zeichnen sich aus durch ihre kunstvollen und graziösen Formen (oft erinnern sie an einen Vogelschnabel) und ihren sparsamen Dekor. In der Zeit der alten Paläste erreicht die Keramik ihre Vollendung. Die Kamares-Gefäße, so genannt, weil sie zum erstenmal in der Kamares-Höhle gefunden wurden, zeigen eine unglaubliche Vielfalt dekorativer Elemente. Ihre Farben leuchten, und die Phantasie der Künstler entwickelt eine unglaubliche Freiheit in der Gestaltung abstrakter Motive. In der folgenden Periode ordnen sie sich einer strengeren geometrischen Gestaltung unter, und die abstrakten Formen machen gegenständlichen Platz. Es herrscht der »Pflanzen«- und »Meeres«-Dekor vor, der entwickeltste Stil der minoischen Keramik.

Eine Kunst, die in allen Phasen der minoischen Kultur sehr gepflegt wurde, war die Steinbearbeitung. Aus Alabaster, Basalt und Steatit wurden Steingeräte verfertigt, die in bewundernswerter Weise gemeißelt sind. Der hervorragendste Ausdruck dieser Kunst findet sich in einer Reihe von Gefäßen aus schwarzem Steatit, die mit plastischen Darstellungen verziert sind. Zum ersten Mal wurden auf Gefäßen Szenen des minoischen Lebens dargestellt, die eine einzigartige plastische Geschicklichkeit bezeugen. Die Vase von Aghia Triada, auf der ein Zug von Schnittern dargestellt ist, zeigt neben der vollkommenen Beherrschung der Technik eine einzigartige Fähigkeit des Künstlers in der Komposition. Oft gaben die Künstler diesen Gefäßen Tiergestalt, wie im Fall des Stierkopfes aus schwarzem Steatit, der in Knossos entdeckt wurde.

Einer der Kunstzweige, der eine einzigartige Blüte erlebte, war das Gravieren von Siegelsteinen. Die Steingraveure bearbeiten Halbedelsteine und stellen mit einer verblüffenden Genauigkeit Motive aus Tier- und Pflanzenwelt und rituelle Szenen dar. Diese Kleinkunst bietet eine Menge Darstellungen, die sich nicht nur durch ihre große künstlerische Qualität auszeichnen, sondern auch unsere mangelhafte Kenntnis über Bauten und kultische Riten der minoischen Gemeinschaft ergänzen. Die Plastik erlebt in dieser Epoche eine eigentümliche Entwicklung. Die erhaltenen Figuren zeigen eine Neigung der Künstler zum Kleinformat. Die Statuetten der Schlangengöttin, die aus Fayence gearbeitet sind, wie auch der Akrobat, Teil einer Komposition aus Elfenbein, verraten eine vollkommene Beherrschung der Darstellung des menschlichen Körpers und ein einzigartiges Empfinden für Bewegung.

Die Goldschmiedekunst erlebte in der minoischen Zeit ebenfalls eine Blüte. Die Schmuckstücke, die in der Totenstadt von Mallia gefunden wurden, sind wahre Kleinkunstwerke, so etwa

▷ *Das Dorf Kritsa, elf Kilometer landeinwärts von Aghios Nikolaos am Golf von Mirabello entfernt, hat als größte Sehenswürdigkeit die dreischiffige Kirche der Panaghia Kera (der Herrin) aufzuweisen, mit bemerkenswerten kretisch-byzantinischen Wandgemälden aus dem 14. Jahrhundert.*

Folgende Seiten:
S. 86 Nur noch die ältere Generation der Kreter trägt die ehemals typische Tracht: die Pluderhosen, hohe Stiefel, das schwarze Kopftuch.

S. 87 Der Psiloritis ist mit 2456 Metern der höchste Berg Kretas. Ihn zu besteigen, erfordert weniger bergsteigerisches Können als Ausdauer. Im Bereich seiner südlichen Vorberge liegt die durch Funde minoischer Vasen bekannte Kamares-Höhle, im Osten die Idäische Höhle, der Sage nach eine der (mehreren) Höhlen, in denen Zeus geboren wurde.

die beiden Wespen, die an einem Honigtropfen saugen. Die goldenen Schmuckstücke, die im Museum von Heraklion ausgestellt sind, verkörpern vielleicht die am weitesten entwickelte Form dieser Kunstrichtung im griechischen Raum.
Die Malerei ist eine der bedeutendsten Ausdrucksformen der minoischen Kunst. Wie auch in den anderen künstlerischen Äußerungen zeigt sich auch in diesem Bereich eine besondere Reinheit und Originalität, sowohl in der Auswahl der Themen als auch in der Komposition. Die Wandmalereien, die die Wände der Paläste und Sommerresidenzen bedecken, stellen keine historischen Ereignisse dar, sondern entlehnen ihre Themen der Natur und der sozialen und religiösen Umwelt. Sie benutzen große Flächen, und ihre Farben zeichnen sich durch ihre Reinheit aus. Oft verbindet sich die Wandmalerei mit einem Flachrelief, wie im Falle des »Prinzen mit der Lilie«, wodurch die Kompositionen eine plastische Dimension erhalten. Obwohl nur geringe Reste der großen Wandbilder der minoischen Paläste erhalten blieben, reicht das Bild der »Pariserin« oder des »blauen Vogels« aus, um die Qualität und die Größe dieser hochentwickelten künstlerischen Form zur Zeit des Höhepunkts der minoischen Kultur um das Jahr 1500 v. Chr. zu erkennen. Die Entdeckung von Knossos durch Evans wird als das größte archäologische Ereignis des 20. Jahrhunderts betrachtet. Die Forschungen, die an den minoischen Zentren bis zum heutigen Tag fortgesetzt werden, bestätigen Bedeutung und Tiefe dieser Kultur.
Das Fehlen schriftlicher Zeugnisse läßt bestimmte Seiten der minoischen Zeit im Dunkel. Genauso dunkel und ohne Erklärung bleiben die folgenden Jahrhunderte. Der Niedergang Kretas hinterläßt eine große Leere – trotz der bruchstückhaften Funde auf der Insel. Zur Zeit der großen Neuordnungen im Raum der Antike während des 5. Jahrhunderts v. Chr. scheint Kreta im Mittelmeer zu fehlen. Während der Perserkriege und auch bei den innergriechischen Auseinandersetzungen der Stadtstaaten des festländischen Griechenlands bleibt es völlig unbeteiligt. Das Expansionsbestreben Athens, Spartas, später Makedoniens zeigt kein besonderes Interesse für die Insel des Minos. Die Kreter selbst setzen langdauernde zerstörerische Kriege untereinander fort und kommen nie zu einer Einigung, die es ihnen erlaubt hätte, politische Macht zu erlangen. Gortyn,

▷ *Eines der typischen Bergdörfer im Süden Kretas.*

▽ *Auf der Lassithi-Hochebene, einem äußerst fruchtbaren Ackerland, drehen sich Tausende von Windmühlen, die Grundwasser auf die Felder pumpen.*

das im 5. Jahrhundert den ersten Rang Phaistos streitig macht, erlebt eine Blüteperiode in der römischen Zeit, als Caecilius Metellus es der Provinz Kyrenaika anschließt und zur Hauptstadt erklärt. Die erhaltenen Denkmäler in Gortyn gehören der römischen und frühchristlichen Periode an. Im Odeon Traians (1. Jahrhundert n. Chr.) sind die Steine des »Rechts von Gortyn« eingebaut, des bedeutendsten Inschriftendenkmals, das in Griechenland gefunden wurde. Um 450 v. Chr. aufgezeichnet, regelt es in Ergänzung zu verlorengegangenen Gesetzen weitläufige Rechte der Bürger. Der Text ist in einem alten dorischen Dialekt abgefaßt und in Furchenschrift (Bustrophedon) geschrieben, d. h., man beginnt oben von links nach rechts zu lesen, in der zweiten Zeile dann von rechts nach links, wobei die Buchstaben bei allen Zeilen mit geraden Zahlen spiegelverkehrt sind.

Gortyn, das bedeutendste Zentrum auf Kreta nach der minoischen Epoche, entwickelte sich in der Zeit Konstantins des Großen (4. Jahrhundert n. Chr.) zu einer großen christlichen Metropole. Aus dieser Zeit sind noch die Ruinen der Basilika Aghios Titos erhalten.

Mit dem Untergang der antiken Welt versinkt Kreta in Vergessenheit. Es folgen dunkle und bewegte Jahrhunderte, Zeiten, die nicht durch historische oder kulturelle Ereignisse ausgezeichnet sind. Sie vergehen, ohne eine Spur zu hinterlassen. Das Erscheinen der Araber im Mittelmeer bringt Kreta wieder auf die Bühne der Geschichte. Zu Beginn des 10. Jahrhunderts fallen sie auf der Insel ein und herrschen dort 130 Jahre. Die Byzantiner vertreiben sie wieder, aber die Eingliederung der Insel in das Reich ist nur formal. Kreta wird zum Zankapfel der aufstrebenden Mächte jener Zeit. Von 1210 an gehört Kreta zum Herrschaftsbereich der Venezianer. Die Stadt Chantak (das heutige Heraklion), die die Araber an der Stelle des alten Herakleia gegründet hatten, nimmt den Namen Candia an und wird zum Schiffahrtszentrum der Republik des heiligen Markus im östlichen Mittelmeer. In den 450 Jahren der venezianischen Besetzung ist ein kraftvolles Erwachen des nationalen Bewußtseins beim kretischen Volk zu beobachten. Es beschränkt sich nicht nur auf ein dauerndes Bemühen um die Erlangung der Unabhängigkeit, sondern findet seinen Ausdruck in einer geistigen und künstlerischen Renaissance.

Die Venezianer unterhalten auf der Insel ein Expeditionskorps von 2000 Mann, mit dem sie Candia und Chania, die Hauptstützpunkte ihrer Flotte, kontrollieren. Sie erheben von den Kretern die traditionelle Steuer, bemühen sich aber mit Umsicht, sie nicht in ihrer nationalen und religiösen Selbständigkeit herauszufordern. Die katholischen Priester feiern z. B. die Messen nach orthodoxem Ritus. Den Kretern wird erlaubt, Waffen zu tragen. Nach Aussage der Chronisten jener Zeit gibt es eine Truppe von 6000 Mann, die in den Bergen lebt, immer bereit, einen Aufstand auszurufen. Sie sind mit einem langen Schwert und einem Bogen bewaffnet und tragen alle am Gürtel einen gekrümmten Säbel. Die Venezianer, die Aufstände befürchten, verbieten den Kretern Chania und Candia bewaffnet zu betreten. Sie unterdrücken jedoch nicht ihr Nationalbewußtsein, weil sie darauf bauen, im Falle eines türkischen Angriffs die Hilfe von 50000 Kretern zu haben.

Unter diesen Bedingungen einer teilweisen Autonomie kommt es auf Kreta innerhalb kurzer Zeit zu einer einzigartigen Blüte der Wissenschaften und der Künste. Die Auswirkung der europäischen Renaissance bringt im Medium des griechischen Geistes die ersten bedeutenden Werke hervor. Theater, Dichtung und Malerei erleben zwischen dem 14. und 17. Jahrhundert einen Höhepunkt. Der »Erotokritos«, ein mittelalterliches Ritterdrama des Vizentzos Kornaros, wird vertont und zum beliebtesten Volksepos, das noch heute gesungen wird. Michail Damskinos begründet die kretische Malerschule, und ihr Einfluß breitet sich in kurzer Zeit im übrigen Griechenland und auf dem Berg Athos aus. Bei ihm geht ein junger Mann aus Phodele (zwischen Heraklion und Rethymnon) in die Lehre, der später sein Werk in Spanien fortsetzt. Sein Name ist Dominikos Theotokopulos, in der Kunstgeschichte wird er El Greco (der Grieche) genannt. Candia ist in jener Zeit Handels- und Verwaltungszentrum Kretas. Die Stadt war offenbar nicht besonders schön. Mehr Eindruck machten auf die westlichen Besucher ihre flachen weißen Dächer, zu denen man mit Verwunderung vermerkt, »daß man auf diesen Terrassen wie auf der Straße gehen kann«. Die Reisenden jener Zeit wurden von der mächtigen Mauer beeindruckt, die Candia umgibt; man betrachtete sie als unzerstörbar. Tatsächlich hielt sie der längsten Belagerung der Geschichte stand. Sie wurde den Türken im Jahr 1669 nach einer 23 Jahre dauernden Belagerung übergeben. Der größte Teil der Mauer und viele ihrer Tore sind erhalten. Besonders eindrucksvoll ist die sogenannte Porta Chania, von der eine der belebtesten Straßen Heraklions ausgeht.

Das große Erdbeben von 1559 und die lange dauernde türkische Belagerung vernichteten die Stadt fast völlig. Die wenigen erhaltenen venezianischen Bauwerke konzentrieren sich um den Phokas-Platz (platia Phoka). Am bedeutendsten ist der Morosini-Brunnen. Er ruht auf vier stattlichen Löwen, und seine achteckige Basis ist mit Reliefs geschmückt, die von der griechischen Mythologie inspiriert sind. Wenige Meter weiter befindet sich die Basilika des heiligen Markos, die 1303 errichtet wurde und Bischofskirche der Lateiner (Katholiken) Candias war.

Viele Frauen auf Kreta sind mit Heim- und Handarbeiten beschäftigt: mit Spinnen, Weben, Sticken, Stricken und Flechtarbeiten – ein Warenangebot, das heute vorwiegend auf die Kauflust der Touristen abzielt.

91

Die zweite bedeutende Stadt Kretas in der Zeit der venezianischen Herrschaft war Chania. Bis zum letzten Krieg hatte sich das mittelalterliche Hafenviertel fast unversehrt erhalten. Die deutschen Bombardements des Jahres 1941 zerstörten es jedoch fast völlig. Der Anblick, den es heute bietet, ist trist. Die zerstörten Häuser wurden nicht wieder aufgebaut, und die übrigen, noch stehenden, sind verlassen. Diese Gegend wurde vom Staat unter Denkmalschutz gestellt, aber Restaurierungsarbeiten hat es nie gegeben. Wenn man durch die engen Gassen geht, hat man den Eindruck, daß der Krieg erst gestern endete. Hier und da erkennt man die Silhouette eines venezianischen Tors, das sich gähnend vor einem Trümmerhaufen öffnet. Das einzige, bemerkenswerte Gebäude, das erhalten ist, ist die Basilika des heiligen Franziskus, in der heute das archäologische Museum untergebracht ist. Die Ausstellungsstücke sind nicht eindrucksvoll, die schlechte Präsentation tut das Ihrige. Die Überraschung für den Besucher, der in Chania typische Beispiele seiner mittelalterlichen Vergangenheit sucht, ist im kleinen Garten des Museums versteckt. Er beherbergt zwei unaufdringliche, aber in ihrer Art auf ganz Kreta einmalige Bauwerke: einen fein gemeißelten türkischen Brunnen, der mit einem hübschen konischen Dach abschließt und ein bogenförmiges venezianisches Tor mit vier Säulen in korinthischem Stil. Der steinerne Bogen der Tür ist mit zwei plastischen Schlangen geschmückt, die zum Scheitelpunkt des Bogens zu klettern scheinen.
Die mittelalterlichen Denkmäler Kretas aus venezianischer Zeit sind in ihrer Mehrzahl militärische Bauten: Burgen und Forts, die eher strategische als künstlerische Bedeutung haben. Daneben finden sich liebenswerte Erzeugnisse schlichter Handwerkskunst. In Rethymnon, das im Schatten einer eindrucksvollen Festung liegt, geben bestimmte Elemente der Volksarchitektur, sowohl der venezianischen (alte Haustüren des 17. Jahrhunderts) wie der türkischen (verschiedene Häuser und geschnitzte Holzbalkons), der Stadt ein besonderes, fast östliches Gepräge, was einen besonderen Zauber ausübt. Der Hafen ist eine malerische Oase. Sorglos plaudern die Menschen

△ *Ein anmutig dekorierter türkischer Brunnen auf dem Kornaros-Platz in Heraklion.*

◁ *Im Osten Kretas, an der schmalsten Landenge der Insel, liegen die Ruinen der minoischen Stadt Gurnia. Sie wurde um 1450 v. Chr. durch Plünderung und Brand zerstört und, seither völlig vergessen, zu Beginn unseres Jahrhunderts von amerikanischen Archäologen wieder ausgegraben – für unsere Maßstäbe eine Miniaturstadt.*

in den Cafés, neben sich einen hübschen mittelalterlichen Brunnen, zu dem sie sich jederzeit wenden können, um sich zu erfrischen, ohne den Kaffeewirt rufen zu müssen, der mit feierlicher Würde in den Brikia, in kleinen Metallgefäßen mit langem Griff, den Kaffee bereitet.

Das wichtigste künstlerische Ereignis ist die Gründung der byzantinisch-kretischen Schule. Nach dem Fall Konstantinopels gingen zahlreiche byzantinische Maler in die Fremde. Viele von ihnen flüchteten nach Kreta, wo es günstigere Bedingungen für die Fortsetzung ihrer Arbeit gab. Man schätzt, das achtzig Maler um das Jahr 1460 in Heraklion Asyl finden und für die orthodoxen, aber auch lateinischen (d.h. katholischen) Kirchen der Insel arbeiten. Sie malen in erster Linie Ikonen. Indem sie die Überlieferung der klassischen Schule von Konstantinopel mit bestimmten Elementen der italienischen Malerei verbinden, schaffen sie den neuen Stil der kretischen Malerei. Die frühesten Beispiele stammen aus der Zeit nach der Befreiung von den Arabern. Es schließt sich eine Aufwärtsentwicklung bis zum 17. Jahrhundert an, in dem die kretische Schule die Grenzen der Insel überschreitet und den Balkanraum beherrscht. Die anomalen Bedingungen, unter denen in dieser Zeit das kretische Volk lebte, waren für die Entwicklung einer aufwendigen Architektur nicht günstig. Der Mangel an finanziellen Mitteln zwang zu einfachen Formen. Anfangs wurde das vertraute byzantinische Vorbild der Kreuzkuppelkirche nachgeahmt. Später kam die Kirchenform auf, der wir heute am häufigsten auf Kreta begegnen: ein einziger, mit Ziegeln gedeckter Raum. Die geringe Größe dieser Kirchen und das Fehlen äußerer Schmuckelemente bewirken, daß sie sich kaum von den profanen Bauten dieser Zeit unterscheiden. Die Doppelkirchen, die aus zwei getrennten Kirchenschiffen mit eigenen Eingängen bestehen, begann man nach dem 14. Jahrhundert zu bauen. In jedem Kirchenschiff wurde ein eigener Heiliger verehrt. Nur zu Beginn des 17. Jahrhunderts erscheinen Kirchen, vor allem in der Gegend von Rethymnon und Chania, mit einer reicheren architektonischen Ausführung. Sie sind von westlichen Stilen beeinflußt und zeigen Neigung zum Barock. Das bedeutendste

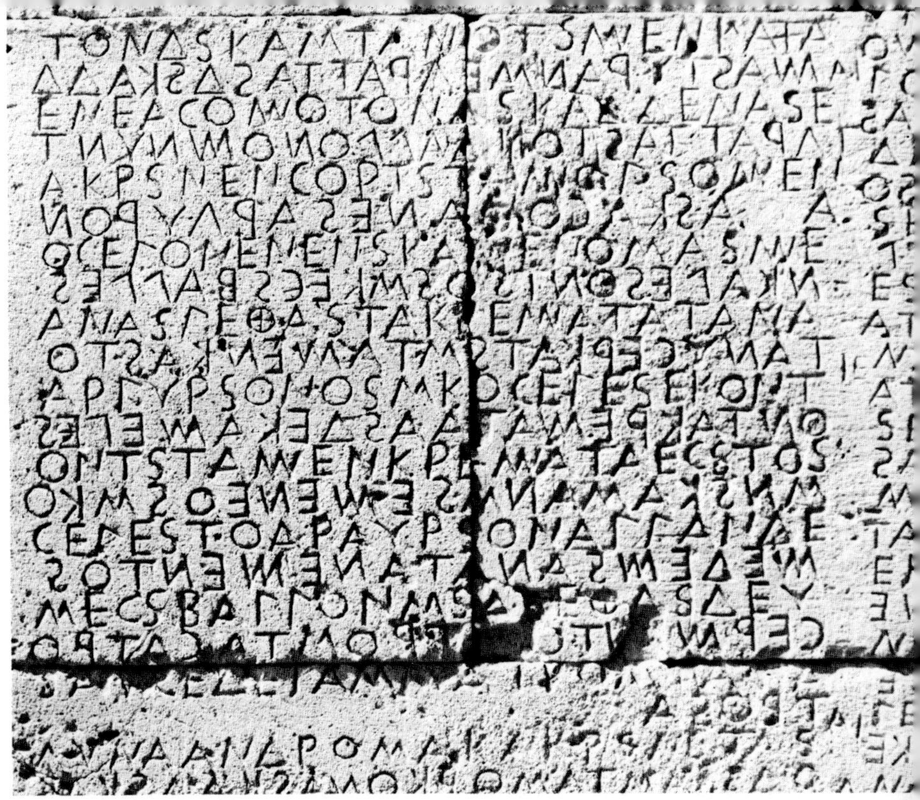

△ *Die berühmte Rechtsinschrift von Gortyn, mit 17000 Buchstaben die umfangreichste erhaltene griechische Inschrift, gibt mit ihren Nachträgen zu älteren (verlorenen) Gesetzen über Ehescheidung, Adoption, Landbesitz, Behandlung von Sklaven und anderen Lebensbereichen einen breiten Überblick über das griechische Zivil- und Strafrecht. Man datiert sie in die Zeit um 500 v. Chr.*

▷ *Chania, die Regierungshauptstadt von Kreta, Nachfolgerin des antiken Kydonia, war von 1645 bis 1898 in türkischer Hand. Moscheen, Minarette und dieser hübsche Brunnen im Innenhof einer ehemaligen Moschee erinnern an diese Zeit.*

Beispiel dieses Kirchentyps befindet sich im Kloster Arkadi – einer gelungenen Verbindung von Barock und dem lokalen Doppelkirchenstil (zwei Kirchenschiffe mit zwei Eingängen, die ein zentraler Glockenturm verbindet). Beispiele für den Einfluß des westlichen Barock finden wir auch in den Klöstern Aghia Triada, Gouvernetos (Akrotiri, Bezirk Chania) und im Kloster Gonia (Kastelli, Bezirk Chania). Im Kloster Aghia Triada gibt es noch ein prächtiges Tor im Renaissance-Stil, in seiner Art vielleicht einzigartig in ganz Griechenland.

Die Wandmalereien der Kirchen aus dem 13. und 14. Jahrhundert folgen den Kunstrichtungen der Malerei von Konstantinopel und dem übrigen Griechenland. Sie nehmen große Flächen ein und zeichnen sich durch den Glanz der Farben und die sichere Zeichnung der Gestalten aus. Bemerkenswerte Beispiele dieser Periode kann man in der dreischiffigen Kirche des Klosters Kera bewundern (beim Dorf Kritsa, Bezirk Lassithi) und in der aus einem Raum bestehenden Erzengelkirche beim Dorf Archanes bei Heraklion. Die Wandmalereien dieser Kirche zeigen eine besonders dramatische Spannung; auf einem der Bilder wird Christus mit einer fränkischen Rüstung bekleidet dargestellt. Hunderte von Kirchen dieser Epoche auf Kreta haben – wenn auch meist nur bruchstückhaft – Beispiele der byzantinischen Malerei des 14. und 15. Jahrhunderts bewahrt. Genannt werden müssen hier – ohne den Versuch einer Bewertung – die Kirchen Panaghia Gouverniotissa (bei dem Dorf Potamies, Bezirk Heraklion), Aghios Phanurios (beim Dorf Varsamonero) und das Kloster Vrondisios (beim Dorf Saros, Bezirk Heraklion). Im Hof des Klosters Vrondisios gibt es einen Marmorbrunnen (wahrscheinlich aus venezianischer Zeit) mit Relief-Darstellungen aus der griechischen Mythologie, wohl der bedeutendste unter den Brunnen, die auf ganz Kreta zu finden sind.

Der Fall Candias im Jahr 1669 bedeutete auch das Ende der griechischen Renaissance auf Kreta. Die folgenden Jahre sind die dramatischsten in seiner Geschichte. Die Kreter mit ihrem entwickelten nationalen Bewußtsein erheben sich in den folgenden Jahrhunderten immer wieder gegen die Türken, und diese antworten mit Vergeltungsmaßnahmen, die oft an Ausrottung grenzen. Gleichzeitig versuchen sie die ethnische Zusammensetzung der Bevölkerung zu ändern, indem sie Tausende von Siedlern aus der Türkei herüberschaffen. Die Kreter führen einen langen Befreiungskampf, wobei sie als Stützpunkte die hohen Berge der Lefka Ori (Weiße Berge) und das Psiloritis (Berg Ida) benutzen. Um sich von den Türken zu unterscheiden, tragen sie auf dem Kopf ein schwarzes Tuch und hohe weiße Stiefel. Ihr letzter Aufstand im Jahre 1898 wird mit einer solchen Härte unterdrückt, daß die Großmächte zum Einschreiten veranlaßt werden und die Gewährung einer Autonomie durchsetzen. Als Evans Knossos entdeckt, sind die Kreter noch dreizehn Jahre von ihrer endgültigen Befreiung entfernt; sie erfolgt im Jahr 1913. Das heutige Kreta ist von seinem langdauernden Befreiungskampf tief geprägt. Kaum 65 Jahre trennen es vom Tag seiner Unabhängigkeit, und in der Erinnerung seines Volkes sind die vergangenen Jahrhunderte noch lebendig. Es gibt noch Menschen, die das große Gemetzel von 1898 selbst erlebt haben. Ihre Kinder und Enkel erinnern sich aus Erzählungen daran. Der Lebensrhythmus hat sich vom Anfang des Jahrhunderts bis zum Beginn der sechziger Jahre überhaupt nicht geändert.

Dieses Spendengefäß in Gestalt eines Stierkopfes (die Hörner sind modern ergänzt) aus der 2. Hälfte des 16. Jahrhunderts v. Chr. war ein Kultgerät. Dem Einguß am Nacken entspricht eine Ausgußöffnung am Maul. Wie in den religiösen Vorstellungen vieler Völker spielte der Stierkult auch auf Kreta eine große Rolle.

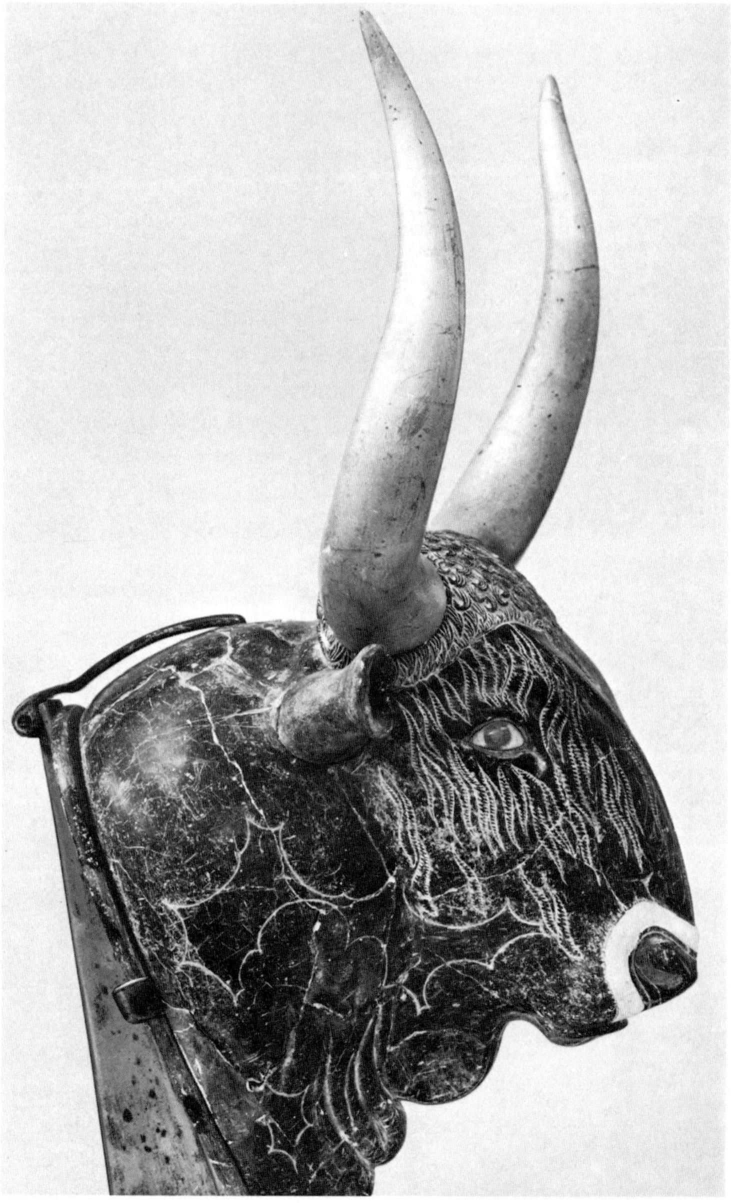

Das ländliche Kreta lebt abgesondert und bewahrt dieselbe Lebensart, die sich während seines geschichtlichen Leidensweges herausgebildet hat. Dieses besondere Gepräge seiner Einwohner hat der große kretische Dichter Nikos Kazantzakis mit kristallener Klarheit wiedergegeben. Auf seinem schmucklosen Grab, das auf der höchsten Stelle der venezianischen Burg von Heraklion liegt, ist ein Satz von ihm eingemeißelt, aus dem am deutlichsten die Psyche des kretischen Volkes spricht: »Ich fürchte nichts, ich erhoffe nichts, ich bin frei.« Es ist eine Dimension der Freiheit, die man nur auf Kreta findet und die sich in langen Kämpfen herausgebildet hat. Als 1974 eine Generalamnestie für die Taten verkündet wurde, die während des Bürgerkriegs geschehen waren, erschienen bei den Behörden zwei Kreter, die 28 Jahre gesetzwidrig in den Bergen gelebt hatten. Sie trugen hohe Stiefel und ein schwarzes Tuch auf dem Kopf und glichen völlig den Kämpfern des vergangenen Jahrhunderts.

Der venezianische Statthalter Francesco Morosini hat diesen Löwenbrunnen 1628 auf dem Venizelos-Platz, der sich im Zentrum der Stadt Heraklion befindet, errichten lassen. Die Löwen wurden von einer älteren Brunnenanlage aus dem 14. Jahrhundert übernommen. Kafeneions, Tavernen und Souvenirläden gruppieren sich rund um den Brunnen-Platz.

Kreta ähnelt nicht den lieblichen Inseln des Ägäischen Meeres. Seine Landschaft ist streng. Zwar wird es vom Meer umspült, doch hat es weniger das Gepräge einer Insel als das eines Stücks Festland mit hohen Bergketten. Sie durchziehen es auf einer Länge von 300 Kilometern, und erreichen an vielen Stellen eine Höhe von 2500 m. Kretas Vegetation erinnert stark an die der Peloponnes. Die steinigen Küsten des Südens gehen in sanfte Hügel über, die mit Weinfeldern und Zypressen bewachsen sind, und unendliche Olivenhaine überziehen die Hänge der Berge.

Das Leben Kretas ist heute zweigeteilt: Das Leben auf dem Land ist noch eng mit den Überlieferungen und seiner Geschichte verbunden, das Leben der Städte macht eine anarchische Entwicklungsphase durch. Der Zusammenstoß zwischen alt und neu ist meist unerbittlich. In den Gegenden, die touristisch erschlossen werden, besonders um Aghios Nikolaos, im Bezirk Lassithi, wird hingegen der Übergang von alt zu neu mit größerer Sorgfalt vollzogen. Eine bedeutende örtliche Architektur, die als Vorbild für eine harmonische Entwicklung des zeitgenössischen Bauwesens dienen könnte, fehlt jedoch auf Kreta völlig. Das klassische kretische Haus war im wesentlichen eine einfache, aus Steinen erbaute Wohnung, die aus einem einzigen Raum bestand: ein Haus als Zufluchtsstätte, ohne große Öffnungen. Das gewöhnlich einzige Fenster war klein und mit Eisen vergittert, die Tür eng und niedrig, um zu verhindern, daß das Haus, wenn es verlassen werden mußte (und in jener Zeit war man oft gezwungen, die Berge aufzusuchen), von den Türken als Stall gebraucht würde.

Im Gebiet von Aghios Nikolaos hat sich eine »neokretische« Architektur eingebürgert, der bestimmte dekorative Elemente des wiederaufgebauten Palastes von Knossos eingefügt werden, ein Baustil, der Rücksicht auf das Landschaftsbild nimmt. Die Städte und Dörfer des heutigen Kreta machen die Krise einer Übergangszeit durch und befinden sich architektonisch in den Entwicklungsjahren. Die unausschöpfbare Schönheit der Insel liegt in der Vielfalt und Ursprünglichkeit ihrer Landschaft. Der Süden, beginnend von der Gegend von Paleochora bis nach Zakros, birgt einen unerschlossenen natürlichen Reichtum, der für die Freunde des Abenteuers bestimmt ist. Der Durchstieg durch die Schlucht von Samaria (8 Stunden Fußmarsch) ist zur unerläßlichen Wallfahrt der Besucher Kretas geworden.

◁ *Ein flötespielender Hirte auf Kreta, der mit seinen Schafherden über die Bergweiden und Hochebenen Kretas zieht. Die aus Holz geschnitzte Doppelflöte begleitet den kretischen Schäfer schon seit vielen Jahrhunderten auf seinen einsamen Wanderungen über das Land.*

▷ *An der Südküste der Insel Kreta, nahe der antiken Stätte Phaistos, liegt die Bucht von Matala mit ihrem feinen Sandstrand und den buntschillernden Kieselsteinen. Das direkt aus dem Meer aufsteigende, leuchtend gelbe Lehmsandgestein weist mehrstöckige Höhlen und Nischen auf, die ursprünglich Begräbnisstätten gewesen sein dürften, in späterer Zeit jedoch als Wohnräume – wie einige Herdstellen beweisen – benutzt wurden.*

◁ *Auf Kreta wird dank der zahlreichen Schafherden noch viel Wolle produziert. Die hier in ihrer Landestracht verhüllte Kreterin vermischt die weiße Schafwolle mit bunter, woraus anschließend die farbigen und typisch kretischen Rucksäcke, die sogenannten Vourghialia, angefertigt werden.*

▷ *Die östlich von Sfakia an der Südküste von Kreta gelegene Festung Frangokastello wurde im 14. Jahrhundert errichtet. Diese wuchtige, rechteckige Anlage mit vier Ecktürmen ist heute noch recht gut erhalten und beeindruckt jeden, der sich vom Meer aus der Insel nähert. Vor der Anlage befindet sich ein großer Platz, auf dem einst die Kreter ihren Kriegertanz, den Pyrrichios, aufführten.*

Die Wanderung nach Aghia Rumeli und die Überfahrt mit dem Boot nach Sfakia gehören zu den schönsten Eindrücken auf dieser Insel. Sfakia, das früher der berühmteste Ausgangspunkt der Andarten war [der in den Bergen lebenden Kämpfer gegen die Türken – Anm. d. Ü.], hat heute viel von seinem Zauber verloren. Groß ist die Anzahl der plumpen Betongebäude, groß die der Tavernen für die Touristen, und mit jedem Jahr, das verstreicht, wird der Ort von weniger Einheimischen bewohnt. Nur mehr selten begegnet man jenen Männern mit Pumphosen und dem gedrehten Schnauzbart, die früher die Cafés füllten. Jemand sagte: »Der Tourismus war stärker als die Türken.«
Auch Matala mit seinem herrlichen Strand und seinen eindrucksvollen Höhlen in den Felsen ist zu einer touristischen Attraktion für die verschiedenen »Bus-Tours« geworden. Ich war vor Jahren dort, als die Einwohner sich gerade zu einem »heiligen Kreuzzug« verschworen hatten, um die Hippies zu vertreiben, die den herrlichen Strand entdeckt und zu ihrer Basis umfunktioniert hatten. Die Einwohner verschlossen sich in ihren Häusern, weigerten sich, Wasser herzugeben, und verlangten von der Gendarmerie, sie von ihren ungebetenen Siedlern zu befreien. Die Hippies wurden aus ihren Höhlen vertrieben, doch diese blieben nicht leer. Sechs Jahre später stellten die Dorfbewohner selbst Buden auf, wo sie Souvenirs verkaufen, errichteten Tavernen und hängten überall fremdsprachige Aufschriften auf: »Zimmer zu vermieten.« Sie machen keine Unterschiede mehr zwischen »guten« und »schlechten« Touristen. Das Schlimmste von allem ist, daß sie nicht begriffen haben, daß der Strand, der zu den schönsten und friedlichsten ganz Kretas gehörte, Gefahr läuft, seinen Charakter, seine Ruhe und auch seine Sauberkeit zu verlieren. Dann werden alle Fremden ihre Zelte an anderen Stränden aufschlagen. Es gibt unzählige, wenige Kilometer östlich von Matala. Von der Straße nach Phaistos, beim Dorf Aghii Deka zweigt eine Straße ab, die nach Kali Limenes führt, bei der antiken Stadt Lenta. Es ist eine Gegend von erstaunlicher Schönheit, die, wie es scheint, das gleiche Schicksal wie Aghia Galini und Matala erleiden wird. Die Fremden entdecken die verborgenen Schätze Kretas, aber das Fehlen einer planvollen Erschließung bewirkt sehr häufig, daß ihr Glanz verlorengeht.
Die Nordküste Kretas ist zugänglicher, dank der großen Autostraße, die Chania mit Aghios Nikolaos und Sitia verbindet. Zwischen Heraklion und Aghios Nikolaos befindet sich das touristisch am besten erschlossene Stück Kretas, mit vielen Hotelkomplexen, die seine Küsten überziehen. Malerischer ist die Gegend von Elunta an der abgeschlossenen Bucht, die die Halbinsel Spinaloga bildet. Bei gutem Wetter kann man dort am Grund des Meeres die Trümmer der antiken Stadt Olus sehen. In der Gegend von Sitia gibt es einen für Griechenland einmaligen Palmenwald, der die Küste von Vai in ihrer ganzen Ausdehnung bedeckt. Man darf nicht einen Palmenwald erwarten wie in den tropischen Meeren, aber man kann nicht leugnen, daß es recht ungewöhnlich ist, im Schatten von Palmen zu baden.
Die zentralen Gegenden Kretas sind die ursprünglichsten. Man findet die Einwohner noch in ihrer natürlichen Umwelt. Die Menschen dort beschäftigen sich ausschließlich mit der Landwirtschaft. Der bergige Boden erlaubt (bisher) keine Mechanisierung. Lange Reihen von Tieren kehren abends von den Feldern heim, und die Menschen bewahren jene echte Einfachheit der Kreter, die das Bedürfnis haben, einige Worte zu wechseln und unbedingt ein Glas Wein anzubieten. Wenn man in Lassithi, in Anoia und der berühmten Hochebene von Omalos umherwandert, wird man viele Male gezwungen sein, die Gastfreundschaft anzunehmen. Der eine bietet Früchte an, ein anderer eine Karaffe mit einheimischem Wein, und in den Bergen wird man den ausgezeichneten frischen Käse probieren und einen Becher mit warmer Schafsmilch trinken. Man wird »Sinteknos« [eigentlich »Taufpate«, freundschaftliche Anrede an einen Fremden – Anm. d. Ü.] genannt. Der kretische Dialekt ist der reichste in ganz Griechenland. Oft schieben Einheimische in ihre Rede ganze gereimte Gedichte ein, wie überhaupt ein wichtiger Teil ihrer Überlieferung die Dichtung ist. Kazantzakis, der als der größte Erneuerer und Sprachschöpfer der Volkssprache (Dimotiki) gilt, erforschte den unversiegbaren Sprachschatz der Kreter und eignete ihn sich an.
Die Feste der Kreter erinnern an uralte Festlichkeiten. Wenn die Lira (ihr hauptsächliches Saiteninstrument) erklingt, und sie ihren klassischen Tanz, den Pentozaki, tanzen, wird man von der Begeisterung mitgerissen, sich einzureihen, auch wenn man den Tanz nicht beherrscht.
Altes Herkommen bleibt in allen Bergdörfern Kretas lebendig. Anoia war immer der Platz, wo die berühmtesten Stickerinnen der Insel lebten. Die Farben, die sie zum Färben benutzten, bereiteten sie sich aus verschiedenen Kräutern und Wurzeln, die sie in den Bergen sammelten. Die Farben verbleichen nicht. Obwohl die Entwicklung des Tourismus die uralte häusliche Arbeit heute in ein Gewerbe verwandelt hat, gibt es immer noch Frauen, die die Bearbeitung der Webwaren nach den alten Methoden fortsetzen. Sie schöpfen ihre Stickereimotive aus der kretischen Überlieferung, aus den Vorbildern in den Häusern der Reichen oder in kunsthandwerklichen Sammlungen. In Anoia sind an den Haustüren eine große Zahl von gewebten und gestickten Waren ausgebreitet, die die Frauen am Ort auf den hergebrachten Webstühlen angefertigt haben.
Wenn man Kreta verläßt, weiß man, daß man einmal wiederkehren wird. Es ist eine zu große Insel, als daß eine kurze Bekanntschaft ausreichen würde. Es ist eine Welt für sich, von der gesagt wurde, sie sei der Planet des Minos: Eine Insel, auf der sich viele Kulturen begegnen, ein schöner Menschenschlag lebt und vielgestaltige Landschaften sich ausbreiten. Es ist ein anderes Griechenland mitten in Griechenland.

Die Ionischen Inseln

Abglanz von Venedig im griechischen Meer

Die Ionischen Inseln umfassen Kerkyra (Korfu), Paxi, Lefkas, Ithaka, Zakynthos, Kefallonia und Kythera. Kythera befindet sich an der Grenze zur Ägäis, genau gegenüber der Spitze der Lakonischen Halbinsel Malea oder Kap Matapa (der Name, der den Seeleuten vertrauter ist). Kerkyra, die nördlichste Insel am Eingang zum Adriatischen Meer, wirkt wie ein Ableger Venedigs. Der Fremde, der mit dem Fährschiff nach Griechenland kommt, hat dort den Eindruck, sich noch in Italien zu befinden. Im Gegensatz dazu erscheint Kythera, in der Mythologie als die Insel bekannt, auf der Aphrodite geboren wurde, als Fortsetzung der Kykladen.

Folgende Seiten:
S. 100 Blick auf den Hauptort Chora von Kythera, der sich vom Hafen Kapsali hangaufwärts ausdehnt.

S. 101 Auf der Halbinsel von Anylipses, die sich südlich von der Stadt Korfu ins Meer erstreckt, liegt in der Bucht von Kanoni das kleine Kloster Vlacherna. Der Weg zu diesem Kloster führt über einen künstlich errichteten Steindamm.

Die Küsten von Kerkyra (Korfu) weisen die unterschiedlichsten Landschaftsbilder auf: flache, dünenähnliche Strände im Süden, idyllische, kleine, waldbegrenzte Buchten im Mittelteil bis hin zu den wildzerklüfteten, meerumspülten Kliffen des Nordens.

Als Kolonien der Venezianer in mehr als fünf Jahrhunderten erlebten die Ionischen Inseln nicht die lang dauernde türkische Knechtschaft und die Verwüstungen durch die Piraten, die die Ägäis in diesem Zeitraum heimsuchten. Die Ionischen Inseln entwickelten eine Kultur, die sich jener der Mittelmeerstädte Italiens anschließt. Durch die engen Bindungen, die sie mit dem westlichen Europa unterhielten, wurden sie in die neuen kulturellen Strömungen einbezogen, die die Renaissance hervorgebracht hatte. So begründeten sie eine bemerkenswerte kulturelle Tradition. Malerei, Musik und Literatur erlebten eine große Blüte. Die Ionischen Inseln brachten zu Ende des 18. und zu Beginn des 19. Jahrhunderts große Künstler hervor, deren Werke für das geistige Leben des modernen Griechenlands maßgebend waren. Die Dichter der Ionischen Inseln – Kalwos, Solomos und Walaoritis – sind die Begründer der neueren griechischen Dichtung.
Nach dem Niedergang Venedigs zu Ende des 18. Jahrhunderts und dem gleichzeitigen Aufstieg Frankreichs, Rußlands und Englands gerieten die Ionischen Inseln unter abwechselnde Besetzung dieser Mächte. Diese Periode dauerte vom Jahr 1797 bis zum Jahr 1864, als sie endgültig Griechenland angegliedert wurden. Die kurze Zeit der Kolonialherrschaft Englands (1808 bis 1864) wird von einer Reihe mißglückter Reformen gekennzeichnet. Nach dem Muster des Vereinigten Königreichs schufen die Briten den Ionischen Staat der Sieben Inseln, wie sie ihn nannten. Von ihm blieb nur der Name »Ephtanisa« [»Siebeninseln« – der in Griechenland gebräuchliche Name – Anm. d. Ü.], mit dem diese Provinz des westlichen Griechenlands heute bezeichnet wird.

Kerkyra

Die Existenz Kerkyras (Korfu) wird zum ersten Mal von Homer belegt, und zwar in jener idyllischen Episode, als das Meer Odysseus an die Insel der Phäaken spült. Dort trifft er am Strand Nausikaa, die Tochter des Königs von Kerkyra. Wie uns Homer mit Diskretion beschreibt, kommt Odysseus dank der herzlichen Gastfreundschaft und der Fürsorge der Königstochter wieder zu Kräften und setzt seine Reise nach Ithaka fort. Mehrere Jahrhunderte später erscheint das Land der Phäaken wieder in der Geschichte, diesmal als Kerkyra oder Korkyra.

Das Stadtbild von Kerkyra (Korfu) mutet italienisch an. Die engen Gassen der Altstadt mit ihren hochgewachsenen, dichtgedrängten Häusern, die mit schmiedeeisernen Balkonen verziert sind, spiegeln den venezianischen Einfluß wider, unter dem diese Insel vom 13. bis zum 18. Jahrhundert stand. Nach dem Schutzheiligen der Insel, dem Aghios Spyridon, der nach der Legende die Bevölkerung vor dem erneuten Türkenangriff rettete, wurde der im Hintergrund auftauchende Glockenturm benannt.

Unter diesem Namen spielt es dank seiner besonderen geographischen Lage eine bedeutende Rolle. In der Zeit der ersten großen griechischen Kolonisationsbewegung nach Süditalien und Sizilien wird die Insel eine Kolonie der Korinther (734 v.Chr.). Sie kann sich in kurzer Zeit von ihrer Mutterstadt unabhängig machen und beginnt ihrerseits, Kolonien in Illyrien und Epirus zu gründen. Als die Korinther über das Verhalten ihrer Kolonisten ungehalten sind, riskieren die Kerkyräer den offenen Konflikt mit ihnen. In einer Seeschlacht (665 v.Chr.) besiegen sie ihre früheren Schutzherren und machen sich völlig unabhängig. In den folgenden Jahren betreibt Kerkyra eine Politik der Isolierung und unterhält keine engen Bindungen zu den anderen griechischen Städten. Es nimmt mit den anderen Griechen zwar am Perserkrieg teil, ist jedoch darauf bedacht, die fünfzig versprochenen Trieren erst zu schicken, als die Seeschlacht von Salamis (480 v.Chr.) schon vorbei ist. Später versucht es, die Auseinandersetzung zwischen Athenern und Spartanern für seinen eigenen Vorteil auszunutzen und kann für sich den traurigen Ruhm in Anspruch nehmen, Anlaß zu dem für Griechenland katastrophalen Peloponnesischen Krieg zu sein. Sein politisches Schwanken brachte Belastung auch für die inneren Verhältnisse mit sich, Belastungen, die sich unheilvoll auswirken sollten. Die Einwohner trennten sich in zwei Lager, die Demokraten, die von Athen, und die Aristokraten, die von den Spartanern unterstützt wurden. Der Zusammenstoß führt zu einem blutigen Bürgerkrieg, mit der Folge, daß die Stadt politisch und ökonomisch geschwächt wird und für immer ihre Unabhängigkeit verliert. Bis zur römischen Zeit bleibt sie abhängig von den jeweiligen Mächten.
Der Streit um die Kontrolle über Kerkyra wird wieder heftiger nach dem Untergang des Byzantinischen Reichs und dem Aufkommen der neuen Seemächte Europas. Im 11. Jahrhundert ist es Zankapfel zwischen den Normannen und dem Fürstentum Epirus. Als jedoch später die türkische Expansion nicht nur Byzanz, sondern auch Westeuropa zu bedrohen beginnt, intervenieren die Venezianer entschlossen und besetzen es im Jahr 1386. Zweimal, 1587 und 1716, versuchen die Türken, es durch eine Belagerung einzunehmen, aber die Venezianer schlagen sie zurück (das zweitemal unter Führung des deutschen Generals von der Schulenburg) und bleiben die Herren bis 1797. Der Besucher, der heute durch die Stadt Kerkyra geht, hat den

Der weiträumige Platz, der sich inmitten der Stadt Kerkyra auf Korfu vor der alten Festung ausbreitet, die sogenannte Esplanade, ist mit klassizistischen Häusern geschmückt, deren Front zum Teil durch Arkaden (Volta) unterbrochen wird. Im Norden der Esplanade befindet sich das Schloß, das im Jahre 1816 von dem englischen Architekten Whitmore erbaut wurde.

Eindruck, sich in einem Venedig ohne Kanäle zu befinden. Die gleichartige Architektur der Häuser, die engen Gassen, die Arkadengänge, die Wäsche, die zwischen zwei Häusern auf einer Leine hängt, das Aussehen und die Anordnung der Geschäfte, die Farben – alles erinnert an ein Stadtviertel Venedigs. Im Vergleich mit der rivalisierenden Stadt Rhodos, mit der es um den Rang der schönsten griechischen Stadt streitet, hat es in seinem Aussehen eine Leichtigkeit, die ihm einen freundlichen Charakter gibt, dem gegenüber Rhodos eher ernst oder schwer wirkt.

Das rein italienische Gepräge Kerkyras wurde in der kurzen Zeit der englischen und französischen Besetzung durch Anlagen und Gebäude erweitert, die sich dem Stadtbild völlig einfügten und der Stadt die heutige Gestalt gaben. Gegenüber der mittelalterlichen Hafenfestung, an der Stelle, wo die Venezianer ihre militärischen Übungen durchführten, schufen die Franzosen einen riesigen Platz (Esplanade). An seinem Ende errichteten sie eine Reihe mehrgeschossiger Häuser im Empire-Stil, deren Erdgeschosse in einer Reihe von Arkaden enden. Diese »Volta«, wie sie die Einheimischen nennen, sind ein Gegenstück zu den Arkaden der berühmten Rue de Rivoli in Paris. Die mehr praktisch veranlagten Engländer errichteten an der rechten Seite des Platzes ein imposantes Gebäude, den Königspalast, Sitz des Gouverneurs. An einer der engen Gassen, die an der Esplanade endet, steht die Kirche Aghios Spyridon (16. Jahrhundert), in der ein silberner Sarkophag mit dem Leichnam des Heiligen aufbewahrt wird. Die Kerkyräer glauben, daß die Stadt dank dem wundertätigen Eingreifen des Heiligen bei den großen Belagerungen durch die Türken gerettet wurde, und so feiern sie jedes Jahr sein Andenken mit einer eindrucksvollen öffentlichen Prozession.

Im Archäologischen Museum von Kerkyra ist eines der bedeutendsten Werke archaischer Kunst ausgestellt. Es handelt sich um das reliefplastische Giebelfeld des Tempels, in dem die fast drei Meter hohe scheußliche Gorgo (Medusa) dargestellt

◁ *Auf den Hügeln Korfus und in den fruchtbaren Ebenen des Inselinnern dehnen sich üppige Olivenhaine aus. Die reichen Ernten ermöglichen einen regen Exporthandel in alle Welt und tragen dazu bei, den Lebensunterhalt der Bewohner zu sichern. Hier zwei Frauen, die müde von der Olivenernte heimkehren.*

▽ *Der Hauptort Leukas, der direkt an der Meerenge der gleichnamigen Insel liegt, weist unterschiedliche Ortsbilder auf: Unser Bild zeigt eine Hafenszene mit den für die Insel typischen Fischerhäusern.*

△ *Auf dem Weg zu dem bekannten Palaiokastritsa an der Westküste der Insel Kerkyra, nur 22 Kilometer von der gleichnamigen Hauptstadt entfernt, trifft man auf dieses Kloster mit seinem barock geformten Glockenturm; das von der Sonne durchflutete Laubengewölbe schließt sich an die Klosteranlage an. Palaiokastritsa selbst liegt in einer Bucht, eingebettet von hangaufwärts sich fortpflanzenden Oliven- und Zypressenbäumen.*

▷ *Auf Lefkas (Leukas) gehört die Volkstracht noch zum Alltagsbild. Auch am Webstuhl und im engsten Familienkreis wird sie von Frauen und jungen Mädchen mit Würde getragen.*

ist. Sie ist mit zwei Schlangen gegürtet und links und rechts von Pegasus und Chrysaor begleitet, die nach der Mythologie aus Blutstropfen der Gorgo entstanden sind, als Perseus sie enthauptete. In einem anderen Museum, das in der alten britischen Gouverneursresidenz untergebracht ist, kann man eine seltene Sammlung chinesisch-japanischer Kunst bewundern und Bilder der großen Maler der Ionischen Inseln Doxaras, Kontuzis und Kantunis.

Nahe bei der Stadt Kerkyra befindet sich die Halbinsel Kanoni. Von dort kann man das einmalige Panorama mit der malerischen Insel Pontikonisi (Mausinsel) und der Kirche Vlacherna genießen. Nach einem Weg durch endlose Gärten stößt man, nach neun Kilometern auf das Achilleion. Es ist ein eindrucksvolles Gebäude im florentinischen Stil, das Kaiserin Elisabeth von Österreich (die berühmte Sissi) errichten ließ. Von den Gärten, die stufenweise zum Meer herabsteigen, hat man einen der schönsten Ausblicke Kerkyras.

Je weiter man ins Innere der Insel kommt, desto reicher wird die Vegetation. Dabei entdeckt man, daß Kerkyra trotz des Tourismus den ursprünglichen Charakter seines Binnenlandes erhalten hat. Frauen im klassischen weißen Schleier reiten auf Eselchen durch die dichten Olivenhaine, und in den weißen Dörfern scheint man sich nicht für die Errungenschaften der Gegenwart zu interessieren. Es gibt keine Gegend in Griechen-

Zakynthos, die größte der Ionischen Inseln, wird im Westen von einer hohen Bergwand begrenzt; von dort fällt das Inselinnere in fruchtbaren Tälern zur Süd- und Ostküste ab und endet weit und offen zum Meer hin. Diese alte Brücke im Meer vor Zakynthos ist Zeugnis der einst regen Bautätigkeit auf der Insel, die immer wieder von zerstörenden Erdbeben heimgesucht wurde.

land, zumal unter den touristisch erschlossenen, die so gegensätzliche Lebensformen aufweist. Weit entfernt von den berühmten Stränden von Palaiokastritsa, Gordios und Glyfada, auf die sich der Besucherstrom konzentriert, gibt es die unbekanntere Südseite der Insel, die in einer ländlichen Tradition lebt. Es sind Menschen von anderer Mentalität. Sie betrachten den Touristen nicht als Fremden, mit dem sie Geschäfte machen können, sondern als bedauernswerten Reisenden, der einige Atemzüge Leben auf ihrer Insel schöpfen möchte. Freundlich und mit viel Humor begegnen sie den Fremden. Wie könnte ich eine Gruppe von Bauern vergessen, die uns in ihren Weinkeller riefen, wo sie gerade die Erde aufhackten, und uns ein Glas Wein anboten. Als sie die Fotoapparate auf sich gerichtet sahen, waren sie nicht ungehalten, sondern fanden nach dem Willkommensgruß tröstende Worte für uns arme Touristen, die wir herumirren, wie sie sagten, weil unser Leben offenbar leer sei und unsere Heimat nichts zu bieten habe.

Ithaka

Der Tourismus kümmert sich kaum um das heutige Ithaka. Es ist zu ärmlich, als daß man es durch Werbung als Heimat des Odysseus präsentieren könnte. Die Zeit hat die Spuren seines Palastes verwischt. Die Archäologen streiten sich noch

Folgende Seiten:
S. 110 Nach altem Brauch tragen die Frauen der Ionischen Insel Leukas ihre Wasser-, Öl- oder Weinkrüge auf dem Kopf. In ihre schönen, alten Trachten eingehüllt und mit stolzem, aufrechtem Gang ziehen sie durch die Dorfgassen zum Marktplatz.

S. 111 Eine der schönen, sandigen Buchten von Kefallonia, die vorwiegend im Süden der Insel anzutreffen sind.

Blick auf die nach dem letzten großen Erdbeben von 1953 wieder neu aufgebaute Hauptstadt Zakynthos. Archäologen vermuten unter dieser Stadt noch zahlreiche antike Reste.

immer um die Frage, ob es tatsächlich die Heimat des ruhelosen Seefahrers gewesen sei. Wenn es nicht das Zeugnis bei Homer gäbe, der in einer kurzen Beschreibung der Insel sagt, sie sei »felsig und für Pferdewagen nicht befahrbar, nicht zu armselig, aber auch nicht breit« (Odyssee 13, 242/43), würden viele die Ansicht des deutschen Archäologen Dörpfeld teilen, daß das benachbarte Lefkas die eigentliche Heimat des Odysseus ist.
Ithaka hat heute nicht mehr als 9000 Einwohner. Der Großteil lebt im Hauptort Vathy, einem hübschen Hafen, der in einer geschützten Bucht liegt. Seine Einwohner treiben Landwirtschaft, Viehzucht und Fischerei. Die Touristen bleiben nur kurz. Es gibt für sie keine speziellen Einrichtungen wie auf Kerkyra, Kefallonia und Zakynthos. Die Menschen leben zurückgezogen, sind aber kulturell sehr rege. Jedes Jahr im August organisieren sie ein Theaterfestival und andere kulturelle Veranstaltungen. Dann füllt sich der kleine Hafen mit Leben. Die Menschen erinnern sich wieder an die Insel des Odysseus und aus Anlaß der Veranstaltung nutzen sie die Gelegenheit, sich am schönen Strand von Phorkinos zu erholen. »Hier kam Odysseus ans Land«, sagte mir ein Fischer, indem er auf eine Yacht zeigte, die zum Hafen fuhr. Er lächelte befriedigt. Im Grunde erwarten die Menschen immer einen Odysseus, der die Freier beseitigt, die sich noch auf den verschiedenen Ithakas umhertreiben.

Kefallonia

Die Nachbarinsel Kefallonia ist die größte Insel des Ionischen Meeres. Auch sie war seit homerischer Zeit bekannt, trat aber in der Antike nicht auffallend hervor. Sie teilte immer das Los der Schwachen, die an starke Bundesgenossen gefesselt sind und sich den Zeitströmungen anpassen müssen. Trotz ihrer großen Ausdehnung war sie immer arm, weil der größte Teil ihres Landes unfruchtbar ist. Sie teilte ebenfalls die abenteuerliche Geschichte der anderen Inseln des Ionischen Meeres. Im Gegensatz zu Kerkyra und Zakynthos, die dank ihrer Fruchtbarkeit einen gewissen Wohlstand erlangten, wandte sich Kefallonia bald dem Meer zu. Ein Großteil seiner Bevölkerung wanderte aus. Seine Einwohner hatten im 16. Jahrhundert einen guten Ruf als tüchtige Seeleute. Zweihundert Jahre später vermerkt der sizilianische Reisende Scrofani mit Bewunderung, daß die Flotte der Kefallonier mehr als zweihundert Handelsschiffe umfaßt, die in allen Meeren der Welt vor Anker gehen. Kefallonia hatte außer seiner Armut und der Unterdrückung durch die Venezianer auch die ständige Bedrohung durch den Giganten Enkelados zu erleiden, der mit zerstörerischen Erdbeben die Siedlungen der Insel immer wieder in Ruinen verwandelte. Kastro, die alte Hauptstadt der Insel neben der mittelalterlichen Festung Aghios Georgios, wurde im Jahr 1636 völlig zerstört und mit der Zeit ganz aufgegeben. Die neue Hauptstadt Arghostoli, 1753 gegründet, machte das große Erdbeben, das Kefallonia 1953 verwüstete, dem Erdboden gleich. Von den 365 Dörfern blieb nur Phiskardo erhalten, ein malerischer Hafen an der Nordküste, der dem heutigen Besucher das Bild bietet, das die Siedlungen Kefallonias im vergangenen Jahrhundert hatten.
Die Erdbeben vernichteten die geschichtlichen Zeugnisse der Insel, nicht aber ihre natürliche Schönheit. Die Strände mit ihrem feinen weißen Sand und das tiefe Blau des Meeres ziehen die Touristen wie ein Magnet an. Sami, Assos, Phiskardo und die Dörfer von Livathou verschwinden in blühenden Gärten. Sie gewinnen jedes Jahr mehr Freunde. Auch die Aufgeschlossenheit der Bewohner und die liebevolle Art, wie sie ihre Dörfer pflegen, nimmt die Fremden immer mehr von Kefallonia ein. Die Insel ist auch heute noch eine der ärmsten Griechenlands, doch diese Armut zeigt sich nirgends. Ihre Einwohner sind seit Jahrhunderten daran gewöhnt, mit ihrem Schicksal zu ringen, und verstehen es deshalb, Unglück mit einem Lächeln zu verdecken. Das ist ihre alte Tradition, die kein Erdbeben zerstört hat.

Zakynthos

Zakynthos ist nur zwölf Meilen von der Küste der Peloponnes entfernt. Die Fähre von Killini braucht kaum eine Stunde für die Strecke bis zur »Blume des Ostens« (Fior di Levante), wie man die Insel zur Zeit der venezianischen Herrschaft nannte. Die Stadt Zakynthos konkurrierte damals in der Schönheit mit Kerkyra und seine Einwohnerzahl erreichte 20000. Auf der ganzen Insel lebten ungefähr 60000 Einwohner, und die Gesellschaft war nach venezianischem Vorbild gegliedert. Der fruchtbare Boden trug Oliven- und Zitronenhaine, vor allem auch Weingärten, aus deren Trauben der damals in der ganzen Welt bekannte Robola-Wein gewonnen wurde. Der Export ging in das westliche Europa, und ergab für die Bewohner im Durchschnitt das größte Pro-Kopf-Einkommen aller Ionischen Inseln.
Die Bewohner von Zakynthos hielten auch kulturell engen Kontakt zum Westen. So entwickelte sich ein reges geistiges Leben, das die Ideen der französischen Aufklärung weitergab und Persönlichkeiten ersten Ranges hervorbrachte: Ugo Foscolo, einen der größten Dichter Italiens und die Nationaldichter Griechenlands Dionysios Solomos und Andreas Kalwos. Die durch die Erdbeben hervorgerufene Not und die Unterdrückung durch die Adligen, die zu Ende des 18. Jahrhunderts verbrecherische Ausmaße angenommen hatte (die Chronisten jener Zeit erwähnen, daß jeder, der protestierte, damit rechnen mußte, umgebracht zu werden, und die Mörder sich von den Behörden, die Repräsentanten des Adels waren, eine Art Straflosigkeit gesichert hatten), führten auf der Insel zu den ersten Klassenkämpfen, die das jüngere Griechenland erlebte. Die Aufstände der Popularen, wie man das einfache Volk nannte, wurden jedes-

Im Hafen von Elafonissos, der an der Nordküste der gleichnamigen Insel liegt, werden gerade die Fischernetze zum Trocknen ausgelegt und für die nächtliche Ausfahrt präpariert. Im Hintergrund taucht bereits die gebirgige Landschaft der Peloponnes auf.

mal im Blut erstickt. Die gesellschaftliche Entwicklung von Zakynthos ging dennoch weiter. Der Aufschwung wurde kurzfristig von dem katastrophalen Erdbeben des Jahres 1792 unterbrochen, setzte sich jedoch in den folgenden Jahren fort. So spielte Zakynthos beim griechischen Aufstand gegen die Türken eine wichtige Rolle. Tausende, die auf dem Peloponnes verfolgt wurden, fanden hier Zuflucht, unter ihnen auch der Oberbefehlshaber des Freiheitskampfes, Theodoros Kolokotronis, der in der russischen Garnison auf der Insel diente. Im übrigen waren die Zakynther auch musisch begabt. Sie schufen nach italienischen Vorbildern Serenaden und Chorlieder, die nach der Befreiung Griechenlands weiter verbreitet und überall gesungen wurden.

Das große Erdbeben von 1953 zerstörte die Hauptstadt, eine der schönsten griechischen Städte. Der Wiederaufbau erfolgte mit Umsicht. Man bemühte sich, der Stadt ein Aussehen zu geben, das der alten Überlieferung entsprach. Das glückte nicht ganz, da der Aufbau mit modernem Baumaterial erfolgte und keine schriftlichen Unterlagen über die alte Stadt existierten. Der Hafen bekam ein eigenes Gepräge. Von den alten Denkmälern der Insel blieb nichts erhalten. Was man unter den eingestürzten Häusern und Kirchen fand, wurde in das Byzantinische Museum gebracht. In seinen Sälen werden einige der bedeutendsten Bilder der griechischen Maler Damasnos, Kutuzis und Doxaras aufbewahrt, außerdem viele Bruckstücke von Wandmalereien, die sich bei der Zerstörung der Kirchen abgelöst hatten.

Heute ist Zakynthos ein freundliches Urlaubszentrum mit schönen Stränden und vielen modernen Hotels. Von seinem früheren Aussehen sind nur die grünen und blühenden Gärten erhalten, die die ganze Küste von Argasi bis Porto-Roma überziehen. Die Landschaft ist lieblich und scheint die bittere Erfahrung der letzten Katastrophe vergessen zu haben. Die Tradition bleibt lebendig. Häufig kann man nach Mitternacht die improvisierten Chorlieder hören, die alten nostalgischen Lieder von Zakynthos, die mit Gitarrenbegleitung für irgendein Mädchen gesungen werden, das, wie immer, heimlich hinter dem Fensterladen hervorschaut.

Kythera

Die südlichste der Ionischen Inseln ist die Insel der Aphrodite. Als der bekannte Rokoko-Maler Watteau sein berühmtes Bild »Die Einschiffung nach Kythera« malte (1717, Louvre), wurde die Insel häufig von Seeräubern heimgesucht.

Als Ankerplatz der Berber-Piraten während vieler Jahrhunderte nahm es, wie auch die Dörfer des südlichen Siziliens, viele arabische Einflüsse auf. Im 18. Jahrhundert beschreiben es die Reisenden, die kurz auf der Insel Station machen, als nahezu menschenleer. Die dauernden Einfälle der Piraten machten es für lange Zeit fast unbewohnt. Die Bevölkerung begann sich erst seit 1770 wieder zu vermehren, und zwar nach dem mißglückten Aufstand der Maniaten [Bewohner der Halbinsel Mani, des mittleren Fingers der Peloponnes, Anm. d. Ü.]. Die verfolgten Griechen flüchteten zu Tausenden auf die Insel, und

◁ *Nur noch auf einigen Inseln bietet sich dieses ursprüngliche Bild: eine Griechin (auf Lefkas), die nach alter Sitte ihre Last auf dem Kopf zum Markt trägt.*

zu Beginn des 19. Jahrhunderts lag die Einwohnerzahl Kytheras über 25000. Rund um die venezianische Burg entstand Chora, das sich mit der Zeit zu einer der schönsten Inselsiedlungen entwickelte. Die tägliche Flugverbindung von Tsirigo, wie die Venezianer die Insel nannten und viele sie heute noch nennen, mit Athen, und die Einführung einer Fährverbindung mit dem gegenüberliegenden Neapolis in Lakonien, führten die schöne Insel aus einer lang dauernden Isolation heraus, durch die sie zum Verfall verurteilt schien. Bis vor wenigen Jahren hatte sie mit der übrigen Welt nur durch das Schiff Verbindung, das in Aghia Pelaghia und Kapsali, dem Hafenplatz Choras, anlegte. Nicht wenige sprechen heute von Kythera wie vor wenigen Jahren von Mykonos und Patmos. Nachdem ich alle bekannten und unbekannten Winkel dieser Insel aufgesucht habe, kann ich versichern, daß es dort viele Schönheiten zu entdecken gibt.

Folgende Seiten:
S. 116 Die Insel Kythera, die am südlichen Ende der Peloponnes im Meer auftaucht, liegt etwa 15 Schiffsstunden von Piräus entfernt. Die Hafen- und Hauptstadt Kapsali (unser Bild), die sich an der Südküste der Insel ausbreitet, kann nur bei Nordwind angefahren werden.

S. 117 Die venezianische Festung, die auf einem felsigen Hügel über dem Hauptort Kapsali (Chora) auf Kythera steht, beweist heute noch die einst strategisch wichtige Stellung, die diese Insel auf offener See vor der Peloponnes hatte. Innerhalb der Festungsmauern befinden sich vier Kirchen im byzantinischen Stil, etwas unterhalb noch weitere fünfzehn, von denen einige guterhaltene Wandmalereien und Fresken aus dem 15. bis 18. Jahrhundert vorzuweisen haben.

▽ *In einer der zahlreichen, tief eingeschnittenen Buchten an der Nordwestküste der Insel Kefallonia liegt das Städtchen Assos. Hangaufwärts wachsen, vermischt mit Zypressen, die kefallonischen Tannen, die das Landschaftsbild speziell des wald- und pflanzenreichen Westteils der Insel beherrschen.*

Die Bucht und der Hafenort Kapsali von Kythera.

17 *Das Kastro oberhalb von Kapsali auf Kythera.*

Inseln der östlichen Ägäis

Die vor den äolischen Küsten liegenden Inseln Samos, Ikaria, Lesbos und Chios bilden zusammen mit Limnos, Thasos und Samothrake eine Inselgruppe, die unter dem Namen nördliche Ägäis oder östliche Sporaden bekannter ist. Der Charakter dieser Inseln unterscheidet sich völlig von dem der Kykladen, des Dodekanes oder der nördlichen Sporaden. Ihre Kultur kommt aus anderen Wurzeln, ihre Geschichte verlief anders. Im Gegensatz zu der weißen Nacktheit der anderen Inseln der Ägäis wird die Landschaft hier durch kräftiges Grün und fruchtbare Kulturen geprägt.

In der Antike hatten diese Inseln eine gemeinsame Tradition. Nach der byzantinischen Zeit jedoch verlief ihre kulturelle Entwicklung getrennt, was auf die Tatsache zurückzuführen ist, daß das ionische Festland, ihre natürliche Fortsetzung, nicht mehr griechisch war, und die türkische Expansion jeden Fortschritt unterbrach. Doch haben diese Inseln in all den dunklen Jahrhunderten, die die Ägäis durchmachte, ihren griechischen Charakter unverfälscht bewahrt und wurden nicht von der Nähe der Eroberer beeinflußt. So waren sie nach der Vereinigung mit Griechenland im Jahre 1912 eine seiner lebendigsten Zellen in Wirtschaft, Handel, Schiffahrt und im geistigen Leben. Die Entwicklung der Verkehrsverbindungen erlaubt es dem heutigen Reisenden, ihre Kultur und ihre landschaftlichen Schönheiten ohne Schwierigkeiten kennenzulernen. Alle Inseln, mit Ausnahme von Samothrake und Ikaria, haben mit Athen oder Thessaloniki Flugverbindung. Schnelle Fähren verkehren fast täglich von Piräus. Überall sind moderne Hotels errichtet worden, und bequeme Straßen verbinden ihre Zentren mit den abgelegensten Punkten der Inseln.

Samos

Samos ist die südlichste Insel der östlichen Sporaden; sie liegt dem historischen Ephesus gegenüber und ist von der kleinasiatischen Küste nur durch eine zwei Kilometer breite Meerenge getrennt. Als eines der bedeutendsten kulturellen Zentren der griechischen Antike wurde Samos zunächst von den Pelasgern bewohnt. In der archaischen Zeit erlebte die Insel unter der aufgeklärten Herrschaft des Tyrannen Polykrates eine kulturelle Blüte, die die übrigen griechischen Städte stark beeinflußte. Samos brachte viele namhafte Architekten, Techniker, Bildhauer, Dichter und Philosophen hervor. Es wurden auch für jene Zeit kühne technische Werke geschaffen, so der Wasserleitungsstollen des Eupalinos aus Megara. Er ließ mit einer verblüffenden Genauigkeit einen 1 Kilometer langen Tunnel durch einen Berg graben, der dazu bestimmt war, die Hauptstadt im Falle einer Belagerung mit genügend Wasser zu versorgen und im Notfall als Fluchtweg zu dienen. Von der antiken Hauptstadt sind nur geringe Spuren geblieben. Nur eine der 153 Säulen des berühmten Hera-Tempels ist erhalten, der dem großen Architekten Theodoros zugeschrieben wird. Im Museum in der Hauptstadt Vathy, das sich im Pythagoreion befindet, kann man drei wunderbare archaische Standbilder des Bildhauers Geneleos bewundern, die die große Reife bezeugen, die die Bildhauerschule von Samos erreicht hatte. Die Heimat des großen Mathematikers und Philosophen Pythagoras erlebte nach dem Tod des Polykrates und dem Ende ihrer Seeherrschaft einen Niedergang. In der byzantinischen Zeit war sie verödet, und die Einnahme durch die Türken im Jahre 1453 zwang viele Einwohner, ihre Heimat zu verlassen. Damals begann der lange unerbittliche Kampf der Samioten mit den ottomanischen Eroberern. »Nach Samos gehen, bedeutet in den Tod gehen«, sagten die Türken. Die Samioten waren so entschlossen, ihre Unabhängigkeit wiederzugewinnen, daß sie vor den verwegensten Unternehmungen nicht zurückschreckten. Ihr Aufstand im Jahre 1821 war so heftig, daß er den Sultan zwang, ihnen von 1832 an völlige Autonomie zu gewähren, während die übrigen Inseln bis 1912 unter türkischer Besetzung blieben. Samos ist heute, da der Tourismus selbst die unbekanntesten Inseln des Indischen Ozeans entdeckt hat, den meisten immer noch unbekannt. Wenn die Insel nicht ein so bedeutendes kulturelles Erbe mit sich trüge, würde man sie wahrscheinlich nicht einmal in den üblichen Reiseführern finden. Das ist ein Unrecht, weniger gegenüber Samos als gegenüber dem interessierten Touristen, der es wegen fehlender Informationen übersieht. In ganz Griechenland begegnet man selten einem solchen Reichtum der Natur. Auf jeder Insel gibt es schöne und oft einmalige Stellen, nirgends jedoch findet sich eine so wuchernde Vegetation und eine solche Vielfalt der Pflanzenwelt wie auf Samos. Man fragt sich, wie es möglich ist, daß hier nebeneinander Bäume und Büsche wachsen, die eigentlich in verschiedenen Höhenlagen und geographischen Breiten angesiedelt sind. Dicht am Meeresstrand (die Kiefern beugen sich fast ins Wasser) fand ich Ölbäume, Walnußbäume, Zypressen, Wein, Orangen-

Eine Hafenszene, wie sie auf vielen Inseln Griechenlands vorzufinden ist: Fischer, die am Kai sitzen und ihre Netze für den nächsten Fischfang reparieren.

und Feigenbäume, Edelkastanien, Tannen und alle Sträucher, denen ich bis jetzt im gesamten Mittelmeerraum begegnet bin.

Chios

Sieben antike Städte erhoben den Anspruch, die Heimat Homers zu sein. Chios erhebt diesen Anspruch noch immer, und die Argumente, die es vorbringen kann, stützen diese Auffassung. Im Altertum hatte Chios eine Sängertradition. Diese Sänger, die Homeriden, die mit der Leier in der Hand die großen Epen mündlich überlieferten, waren seine Einwohner. Die heutigen Einwohner zeigen dem Besucher mit Stolz die Daskalopetra, den »Felsen des Lehrers«, wo der bedeutendste Sänger der Antike von den Leiden und dem Ruhm der Achaner erzählte. Es gibt jedenfalls keinen Zweifel, daß dieser Platz einmal ein Kultzentrum war, zu dem vielleicht auch Dichter gehörten.
Chios entwickelte wie alle anderen Inseln, die nahe der kleinasiatischen Küste liegen, seine erste Kultur in Verbindung mit den Städten Ioniens. Als es in die Geschichte eintrat, übertraf es in Kunst und Wissenschaft die Städte des festländischen Griechenlands. In der archaischen Zeit war Chios einer der mächtigsten Staaten dieser Region. Es blieb bis zum Ende des 5. Jahrhunderts v. Chr. unabhängig. Danach wurde Chios in den Strudel der Umwälzungen gerissen, der dem Niedergang Athens folgte. Es erlebte schwere Zeiten unter dem Perserkönig Mithridates, später unter den Nachfolgern Alexanders des Großen und den Römern.
Einer der bedeutendsten Abschnitte in der Geschichte der Insel begann mit dem Eindringen der Lateiner im ägäischen Raum. Als die Genuesen die Byzantiner im 14. Jahrhundert von der Insel vertrieben, setzte eine Phase des Aufstiegs ein, die bis zum Anfang des 19. Jahrhunderts andauerte. Auch als die Genuesen im Jahr 1566 Chios den Türken übergeben mußten, wurde im Gegensatz zum Schicksal anderer ottomanischer Gebiete diese Blütezeit der Insel nicht unterbrochen. Die gesellschaftliche Struktur war so stark, daß die Türken, die für ihre selbstherrliche Verwaltung bekannt waren, sich anpassen mußten. Diese lange Zeit des Wohlstands endete katastrophal im Jahr 1822, als die Türken im Bestreben, die Samioten zu vertreiben, die in einer waghalsigen Aktion Chios eingenommen hatten, ein Heer von 100000 Mann losschickten, das in sechs Monaten Chios verwüstete und 25000 der 100000 Einwohner tötete. Dieses entsetzliche Gemetzel erregte die öffentliche Meinung Europas und inspirierte große Künstler wie Delacroix, der das Bild »Das Massaker von Chios« (Paris, Louvre) malte, Victor Hugo, der ein Gedicht dem Volk von Chios widmete und viele andere, die ihre Stimmen im Protest gegen diese unmenschliche Grausamkeit vereinten.
»Paris des Ostens« und »kleines Genua« wurde Chios von den Chronisten und Reisenden genannt, die es in seiner Blütezeit kennenlernten. Es galt als »Insel europäischer Kultur im rückständigen Orient«. Traum vieler Europäer war es, diese duftende Insel, wie man sie nannte, aufzusuchen und die herzliche Gastfreundschaft der Einheimischen zu genießen. Alle vermerken mit Verwunderung, daß »an keiner Stelle der Welt, mit Ausnahme vielleicht von Paris, die Frauen so emanzipiert sind. Sie sind aufgeräumt und gesprächig, tanzen in der Öffentlichkeit, singen und sind ausgelassen«, ohne daß dies »einen sittlichen Verfall kennzeichnet«, wie sie hinzufügen. »Sie treiben mit ihren selbstgefertigten Stickereien Handel und nehmen aktiv am gesellschaftlichen Leben teil.«
Die Insel war ein endloser Garten. Überall traf man, wie es in den Beschreibungen heißt, schön gebaute Landhäuser, und nirgends gab es eine einsame Gegend. Im Gegensatz zu den anderen griechischen Gebieten herrschte absolute Sicherheit und man konnte zu jeder Stunde ohne die geringste Gefährdung umhergehen. Hauptprodukte waren Wein und Seide, aus der man, in Konkurrenz mit Venedig, golddurchwirkte Gewänder herstellte. Ein anderes gesuchtes Produkt war Mastix. Es lohnt sich, seine Geschichte zu erzählen. Auf der Insel gedeihen kleine strauchartige Bäume, die sogenannten Mastixbäume, die keine eßbaren Früchte tragen. Wenn man ihren Stamm ritzt, beginnt ein aromatisches Harz zu fließen, das, nachdem es getrocknet ist, wie der heutige Kaugummi gekaut werden kann. Die Chioten hatten diese Angewohnheit, und da Gewohnheiten ansteckend sind, wurde sie von den Genuesen, als sie Herren der Insel geworden waren, übernommen. Sie fanden Mastix erfrischend und verbreiteten seinen Ruhm in Europa und im Orient. In den Serails von Konstantinopel und in den Salons von Genua und Paris fanden die Frauen Gefallen am Mastix-Kauen, und bald mußten die Einwohner von Chios neue Bäume anzapfen,

◁ *Zwischen den Hügeln der Akropolis und dem Kriegshafen breitete sich der alte, geräumige Marktplatz (Agora) von Thasos aus – das von Heiligtümern, Verwaltungsbauten und Wandelhallen aus klassischer bis spätrömischer Zeit umstellte Stadtzentrum.*

Folgende Seiten:
S. 122 Auf Samothrake, der bergigen, waldreichen Insel der nördlichen Ägäis, lag das Heiligtum der »Großen Götter«, Mittelpunkt eines dunklen Mysterienkults um Naturgottheiten, Fruchtbarkeitsgötter (Kabiren) und Dämonen der Unterwelt, dessen Ursprünge auf vorgriechische Zeiten zurückgehen. Die Griechen bauten das Heiligtum seit dem 6. Jahrhundert v. Chr. mit prächtigen Anlagen aus. Unser Bild zeigt die Reste des Anaktoron, in dem die Einweihung in die Geheimlehre stattfand.

S. 123 Blick auf die Hafen- und Hauptstadt Mytilini, die an der Ostküste der Insel Lesbos liegt. Von Mytilini aus führen alle Straßen ins Inselinnere zu den zahlreichen kleinen Dörfern und den Küsten mit ihren vielgerühmten goldenen Sandstränden.

um der großen Nachfrage nachzukommen. Die Dörfer, die Mastix produzierten, wurden Mastichochoria (Mastix-Dörfer) genannt, und seine Produktion begann man nach Kantaria [entspricht etwa unserem Zentner – Anm. d. Ü.] zu messen.
In der Zeit der Genuesen nahm das mönchische Leben einen großen Aufschwung. Das »Neue Kloster von Chios« (Nea Moni Chiu) wurde vom byzantinischen Kaiser Konstantinos Monomachos im Jahr 1056 gegründet. Es hatte zur damaligen Zeit mehr als 800 Mönche und war Herr über ein Drittel des bebauten Landes der Insel. Sein ungeheures Vermögen stammte aus Schenkungen der Einwohner, die in ihren Testamenten einen Teil ihres Besitzes der Kirche vermachten.
Ich habe lange von der Vergangenheit dieser Insel gesprochen, weil sie eine leuchtende Ausnahme in dem langen dunklen Mittelalter Griechenlands ist. Die heutige Bevölkerungszahl liegt unter 60000, und die Hauptstadt erinnert in nichts an das alte »Paris des Ostens«. Die Landschaft jedoch ist unverändert. Man meint, durch einen unendlichen Garten zu gehen. Im Frühling verströmen die Bäume einen betäubenden Duft, von dem die ganze Insel erfüllt ist. Die Bezeichnung »wohlriechend« für die Insel entspricht ganz der Wirklichkeit. In den Mastix-Dörfern fahren die Einwohner fort, das aromatische Harz zu gewinnen, und einige Dörfer haben ihre mittelalterliche Stattlichkeit bewahrt. Mesta und Pyrghi versetzen den Besucher in die Zeit der genuesischen Herrschaft. Auf dem Land trifft man oft byzantinische Kirchen mit bemerkenswerten Wandmalereien und im Kloster Nea Moni kann man einige der bedeutendsten Mosaiken der byzantinischen Kunst bewundern, die denen von Daphni (bei Athen) und Ravenna ebenbürtig sind.

Lesbos

Lesbos ist die dritte Insel Äoliens mit einem reichen antiken Erbe. Sie kann sich rühmen, zwei der bedeutendsten lyrischen Dichter aller Zeiten hervorgebracht zu haben, Sappho und Alkaios, und auf die aufgeklärte Herrschaft des Pittakos verweisen, eines der Sieben Weisen der Antike. Dieser förderte Lesbos zu einem der glanzvollsten Staaten Ioniens. Die Zeit des 6. Jahrhunderts v.Chr. war die bedeutendste in der Geschichte von Lesbos. Später teilte die Insel das Geschick der Schwachen; sie lebte im Schatten der großen Mächte: der Athener, der Makedonen, der Römer, der Byzantiner, der Genuesen und – für lange Zeit – der Türken. Diese letzte Periode, für das benachbarte Chios eine Zeit der Blüte, war für Lesbos schwer. Die Bevölkerung war in der Mitte des 18. Jahrhunderts mehrheitlich griechisch. In der Hauptstadt Mytilini lebten 12000 Griechen und auf der Burg vier türkische Familien.
Die Insel hat heute noch immer agrarischen Charakter. Große Ölbaumhaine und dichte Wälder bedecken die Berghänge, und die Mehrzahl der Einwohner ist in der Landwirtschaft tätig. Die Landschaft wirkt friedlich; viele der Dörfer bewahren ihr altes malerisches Aussehen. Molyvos, das an der Stelle des alten Methymna liegt, ist die touristische Attraktion der Insel. Es liegt am Hang eines Hügels, der von einer gut erhaltenen genuesischen Burg gekrönt wird. Am Strand, der sich zu Füßen von Molyvos erstreckt, sammelt sich der größte Teil der Touristen, die Lesbos besuchen. Die Neugierigeren unternehmen einen Ausflug nach Sygri, um den »versteinerten Wald« zu sehen. Die Fahrt ist mühevoll und der Anblick nicht ganz so eindrucksvoll wie erwartet. Man sieht einige Baumstämme vereinzelt am Hang zum Meer, die vor Millionen von Jahren von Vulkanasche bedeckt wurden. Zum Glück blieben einige Stämme erhalten. Schon vor Jahren waren sie Opfer der Souvenirsucht geworden, und man hatte begonnen, sie bedenklich zu zertrümmern.
Die Hauptstadt von Lesbos, Mytilini, ist eine lärmerfüllte Hafenstadt mit 30000 Einwohnern. Sie liegt an der Stelle der alten Stadt, am Fuß eines Hügels mit einer mittelalterlichen Burg. Die an Geschichte reiche Hauptstadt ist arm an antiken Denkmälern. Von der berühmten Stadt des Pittakos ist nichts geblieben. Das Theater, das im Bereich der Burg entdeckt wurde, gehört dem 5. Jahrhundert an, und die Mosaiken, die die interessantesten Ausstellungsstücke des kleinen archäologischen Museums sind, stammen aus dem 4. Jahrhundert v.Chr. Sie stellen Szenen aus den Komödien »Epitrepontes«, »Messina« und »Plasma« des griechischen Dichters Menander dar und vermitteln ein deutliches Bild von den Theateraufführungen der Antike.

Limnos

Nordwestlich von Lesbos zwischen der Halbinsel Chalkidike und der kleinasiatischen Küste liegt Limnos (Lemnos). Diese Insel, die von der ältesten Zeit an bewohnt wurde, hat eine reiche mythologische Überlieferung. Der älteste Mythos berichtet uns, daß Hephaistos, der hinkende Sohn des Zeus und der Hera, dorthin floh, um Aphrodite zu heiraten. Von ihm hat die Hauptstadt der Insel, Hephaisteia, ihren Namen. Da die Frauen von Limnos die Göttin der Schönheit beleidigten, verfluchte die Göttin sie dazu, scheußlich zu stinken. Die Männer, die den Geruch nicht aushalten konnten, verließen sie. Die Frauen empörten sich und töteten alle Männer außer Thoas, der durch das Einschreiten seiner Tochter Hypsipyle, der späteren Königin der Insel, gerettet wurde, indem sie ihn in einem großen Pithos (Tongefäß) einschloß und ins Meer warf. Die Zeit des Matriarchats, die sich hinter dieser Geschichte verbirgt, endet mit der Ankunft der Argonauten, indem sie kurz Station auf dieser von Frauen beherrschten Insel machten und die Zusammensetzung der Bevölkerung wieder ins Gleichgewicht brachten: ihre Nachkommen, die Minyer, blieben Herren der Insel bis zum Eintreffen der Pelasger. Aus der pelasgischen

Zeit ist heute in Myrina ein Teil der Stadtmauer erhalten, mit der das alte Hephaisteia gesichert war.
Limnos hat teil an allen Geschicken der griechischen Geschichte von der mykenischen Zeit bis zum Niedergang von Byzanz. Im 13. Jahrhundert kommt es unter die Herrschaft der Venezianer. Diese bleiben bis zum Jahr 1478 Herren der Insel und müssen sie dann den Türken ausliefern.
Die Auskünfte der Chronisten und Reisenden dieser Zeit sind gering. Sie alle beschränken sich darauf, anzuführen, daß die Insel durch ihren berühmten Heilschlamm bekannt ist, die lemnische Erde, die überall gesucht war. Dieser Schlamm, den man schon in römischer Zeit kannte, stellte für Limnos ein Exportprodukt dar, dessen Ausbeutung strengen Regeln unterworfen war. Nach einem Bericht aus der Zeit der türkischen Herrschaft wurde er nur einmal im Jahr, und zwar am 6. August, ausgeführt. Zuvor fand eine religiöse Feier statt, an der die

Folgende Seiten:
S. 126 Eine Dorfgasse in Molyvos (Methymna) auf der Insel Lesbos.

S. 127 Die landwirtschaftliche Arbeit auf den Inseln ist sehr beschwerlich: Immer noch werden die Felder mit primitivsten Geräten bestellt und das Getreide nach alter, von Generation zu Generation weitervermittelter Art gedroschen.

Die große mittelalterliche Burg, die oberhalb der Stadt Molyvos auf einem grünen Hügel thront, verleiht dem heutigen Stadtbild einen historischen Glanz.

ganze Bevölkerung teilnahm, nicht nur Griechen, sondern ausnahmsweise auch ottomanische Würdenträger. Diese Übertretung der muslimischen Vorschriften erfolgte, da der türkische Militärkommandant Haupt-Nutznießer der lemnischen Erde war. Dieser Heilschlamm wurde aus einer bestimmten Erdader gewonnen, die sich in großer Tiefe befand. Um zur angegebenen Stelle zu gelangen, mußten vierzig Arbeiter einen Tag lang graben. Die streng begrenzte Menge, die sie förderten, hatten sie dem türkischen Kommandanten zu übergeben. Dieser schickte die Hälfte dem Sultan und verkaufte den Rest an Händler zur Ausfuhr nach Europa. Diese Geschichte erscheint heute amüsant, aber sie zeigt gleichzeitig, wie hart die Bedingungen für das Griechentum in einer Zeit waren, die für diese Inseln erst 65 Jahre zurückliegt.
Heute ist Limnos einer der touristisch am meisten erschlossenen Inseln der Ägäis. Myrina, die neue Hauptstadt der Insel, die an der Stelle des alten Hephaisteia liegt, nimmt jedes Jahr Tausende von Urlaubern auf, die sich am Meer und dem herrlichen Strand von Aghia Varvara erfreuen. Die lemnische Erde ist heute vergessen. Die Chronisten des Tourismus notieren die Hotels der Insel, ihre Strände und die Tavernen mit Fisch-Spezialitäten. Jede Epoche schreibt ihre eigene Geschichte.

Samothrake

Vom 17. bis zum 19. Jahrhundert führten besonders Frankreich und England einen harten Konkurrenzkampf, um antike Statuen, Gefäße, Münzen und seltene Handschriften zu erwerben. Sie durchgruben die griechische Erde und durchwühlten die Bibliotheken der Klöster. Unter dem Vorwand diplomatischer oder wissenschaftlicher Missionen (die Botanik war Hauptvorwand zur Erforschung alter Ruinenfelder) bezahlten sie das übliche Bakschisch und plünderten unbelästigt die griechische Erde. Der größte Teil der antiken Kunstwerke, die in den Museen Europas aufgehäuft sind, wurden von solchen oder ähnlichen »pflanzenkundlichen Expeditionen« gesammelt. Nach der Unabhängigkeit Griechenlands im Jahr 1830 wurde das Plündern der antiken Stätten im befreiten Teil beendet. In den besetzten Gebieten jedoch, die mehr als die Hälfte des Landes ausmachten, ging der Aderlaß der archäologischen Schätze weiter. Samothrake, das zu den unterworfenen Gebieten Griechenlands gehörte, war Ziel einer solchen französischen archäologischen Expedition. Mit Erlaubnis des Sultans begann sie ihre Ausgrabungen im Jahr 1850. Zehn Jahre später traf man bei den Grabungen im Kabirenheiligtum auf die Statue einer geflügelten Nike (Siegesgöttin), die auf einer Basis in Gestalt eines Schiffbugs steht. Sie war ein Weihegeschenk für einen Seesieg wohl der Rhodier über Antiochos III. von Syrien. Diese Statue stellt eine der Spitzenleistungen der Plastik aller Zeiten dar. Sie empfängt heute die Besucher des Louvre in Paris. Millionen von Menschen kennen die Nike von Samothrake, aber nur wenige haben diese abseits liegende Insel besucht. Sie bleibt ein Platz für Reisende mit Sinn für Romantik. Das einzige Schiff, das Samothrake mit dem Festland verbindet, fährt vom thrakischen Alexandroupolis ab, und man braucht mehr als drei Stunden, um zum Kabirenheiligtum zu gelangen. Dieses Heiligtum der »Großen Götter«, uralter Erd- und Fruchtbarkeitsgottheiten, das von Seleukos gegründet wurde, befindet sich in einem lieblichen grünen Tal. Links sieht man das Meer, während hinter dem Heiligtum der Phengari, der höchste Berg der Ägäis (ausgenommen die Berge Kretas) 1700 m hoch senkrecht aufsteigt. Nachdem ich alle Ausgrabungsstätten Griechenlands kenne, würde ich auf die Frage, zu welcher ich zurückkehren wollte, ohne Zögern antworten: »Nach Samothrake.« Dieser Ort hat einen nicht bestimmbaren Zauber, der den Besucher gefangennimmt, nichts Aufdringliches: einige antike Ruinen, abgelegen, verloren in einer ungestörten Ruhe.

Thasos

Thasos ist das Gegenteil von Samothrake: sowohl in seiner Geschichte wie in seiner Landschaft ist es eine auffallende, man könnte sagen »mondäne« Erscheinung. Der dauernde Wohlstand, von der archaischen Zeit bis zum Untergang der griechischen Antike, ist an den reichen Überresten der antiken Stadt zu erkennen, die sich neben dem heutigen Hafen erstreckt. Die Funde von Kunstgegenständen machen das hohe kulturelle Niveau deutlich, das immer Ergebnis des ökonomischen Wohlstandes ist, der es dem Menschen erlaubt, seine tiefsten existenziellen Bedürfnisse auszudrücken und sie in Werke der Kunst umzuformen. Die Ruinen der prächtigen Agora, die Reste der Heiligtümer des Poseidon und des Dionysos, die großartigen Tore und die Mauer, das Theater und die Kunstwerke im Museum, verdeutlichen die Größe und die vielseitige Entwicklung des antiken Thasos. Man kann sich beim langsamen Umherwandern ein Bild von dieser glanzvollen Stadt machen. Vor dem gewaltigen Kuros, der mit Zärtlichkeit das Lamm zur Opferung trägt, spürt man die Vollkommenheit der archaischen Kunst.
Thasos, das von dichten Kiefernwäldern bedeckt ist, die bis zu den sandigen Buchten herabreichen, veranlaßt die Sommergäste aus Makedonien und aus der Fremde, sich mehr in der Landschaft als unter Altertümern aufzuhalten. Die häufige Fährverbindung mit Kavalla, die asphaltierten Straßen entlang der Küsten und die guten touristischen Einrichtungen machen Thasos zu einer der anziehendsten Sommerfrischen der Ägäis. Zusammen mit Samos ist es die in ihrer Vegetation eindrucksvollste Insel Griechenlands. Thasos ist eine Laune der griechischen Natur. Gegenüber den baumlosen Ebenen Thrakiens mit seinem kontinentalen Klima entstand eine Insel, deren Lage eher in den Süden passen würde. Es ist ein Versehen der Natur, ein Glück für Thasos und alle, die es kennenlernen dürfen.

△ *Theophilos Hadzimichail, der volkstümliche Maler von Lesbos, durchwanderte Dörfer und Gegenden der Insel und bemalte für Essen und Trinken die Wände der Kafeneions und Tavernen mit naivbunten, meist geschichtlichen Darstellungen seines Landes. Die Werke des 1934 in Armut gestorbenen Künstlers sind mittlerweile begehrte und zu hohen Preisen gehandelte Sammlerobjekte geworden.*

▷ *Eine Dorfszene, die auf den Inseln häufig anzutreffen ist: Männer im Kafeneion oder unter einem schattigen Baum sitzend, die sich über Politik, Wirtschaft und Dorfereignisse angeregt und meist eifrig gestikulierend unterhalten.*

Folgende Seiten:
S. 132 Abseits des Marktplatzes von Pyrghi auf Chios entdeckt man enge Gassen mit dicht aneinandergereihten Häusern, die durch Querbogen mit den Häusern der gegenüberliegenden Straßenseite verbunden sind.

S. 133 Das Kloster Nea Moni (Neues Kloster) liegt in der Inselmitte von Chios am Berg Provateion, etwa zwölf Kilometer von der gleichnamigen Stadt entfernt. Es wurde im 11./12. Jahrhundert erbaut und zählt zu einem der bedeutendsten Bauwerke der byzantinischen Zeit. Türkeneinfälle im Jahre 1822 und das Erdbeben von 1881 zerstörten große Teile des Klosters. Heute bemühen sich Archäologen intensiv, das Kloster zu restaurieren und die noch vorhandenen Mosaiken, die zu den wichtigsten Beispielen der mittelbyzantinischen Malerei gehören, zu erhalten.

▷ *Rechts oben:*
Auf dem Marktplatz von Pyrghi, einem der bekanntesten Mastixdörfer auf der Insel Chios, faszinieren die zwei- und dreistöckigen Häuser mit ihren in geometrischen Mustern gestalteten schwarz-weißen Fassaden.

Rechts unten:
Noch einmal eine Fassade der Pyrghi-Häuser aus der Nähe betrachtet. Die in der Sgraffiti-Technik verzierten Wände und die kleinen schmiedeeisernen Balkönchen verleihen dem Ortsbild einen besonderen Reiz.

▽ *Auf der Insel Chios, die dicht an die kleinasiatische Küste grenzt, ist der türkische Einfluß offensichtlich. Der an dem weiträumigen Zentralplatz der gleichnamigen Hauptstadt befindliche Marmorbrunnen, der im Jahre 1768 im türkischen Barockstil erbaut wurde, erinnert an die Zeit der Türkenherrschaft, unter der diese Insel bis 1912 stand.*

▽ *Im Süden der Insel Chios liegt das alte und reizvolle Dorf Pyrghi mit der Kirche Aghioi Apostoli. Die Kuppeln der Kirche werden in das 13. Jahrhundert zurückdatiert; an den Wänden im Innern der Kirche sind wunderschöne Fresken aus dem 18. Jahrhundert erhalten.*

131

▷ *Auf Samos wurde der Sage nach Hera geboren und die Hochzeit mit Zeus gefeiert. Der Tyrann Polykrates, aus Schillers Gedicht »Der Ring des Polykrates« bekannt, baute die Stadt auf das prächtigste aus und zog namhafte Künstler an seinen Hof. Von der einst riesigen Anlage des Heratempels (um 540 v. Chr.) – die vierfache Fläche des Athener Parthenon – steht noch diese einzige von Erdbeben gerüttelte Säule.*

▽ *Die Hafenansicht von Pythagoreion auf Samos, der Insel des Polykrates. Der Name des Ortes geht auf den Tyrannen, der die Insel in der Mitte des 6. Jahrhunderts v. Chr. beherrschte, zurück. Im Hintergrund des Bildes taucht bereits das Festland Kleinasiens aus dem Meer auf.*

Die Wochenend-Inseln der Athener

Euböa

Die Statistiken stellen Euböa (griech. Evvia) hinsichtlich der Flächenausdehnung an die zweite Stelle in Griechenland und an die sechste im ganzen Mittelmeer. Ist Euböa aber eine Insel? Vom Festland trennt es eine Meerenge (Euripos) von nur dreißig Metern Breite. Die Stahlbrücke, die es mit dem Festland verbindet, ist kleiner als die Brücke über einen Fluß von mittlerer Größe. Naturgemäß hat Euböa also keinen ausgeprägten Inselcharakter. Wenn man nach Chalkis fährt, hat man den Eindruck, eine Vorstadt Athens zu besuchen. Die achtzig Kilometer Entfernung von der Hauptstadt mindern diesen Eindruck nicht. Die große industrielle Entwicklung, die an der Seite zum Festland konzentriert ist, verbindet die Insel eng mit Attika. Ein besonderes Phänomen ist die mehrmals am Tag wechselnde rasche Strömung an der engsten Stelle der Meerenge, die den Bootsverkehr stark behindert.
Chalkis, das berühmte Negroponte der Venezianer, war immer das bedeutendste Zentrum der Insel. An die Türkenzeit erinnert die Festung, die auf der Festlandseite erhalten ist. Die schon seit 410 v.Chr. bezeugte Brücke über die Meeresenge wurde in jüngerer Zeit durch eine bewegliche ersetzt, die sich öffnet, wenn ein Schiff durchfahren will. Die Wachstuben der ehemaligen Posten sind durch Schalter für die Mautgebühren ersetzt, die beim Betreten Euböas zu entrichten sind. In Chalkis verbringen auch heute noch viele Athener ihr »week-end«, eine Gewohnheit aus Zeiten, als Chalkis noch eine ruhige Stadt am Meer mit schönen klassizistischen Gebäuden war. Heute hat eine Vielzahl mehrgeschossiger Hotels der Stadt ihr altes malerisches Aussehen genommen. Die ganze Seite Euböas von der Meerenge Euripos bis nach Karystos entwickelte sich zum Haupttouristengebiet für Attika, mit dem es tägliche Fähren von Oropos, Rafina und Porto-Rafti aus verbinden. Eretria, Stira, Marmari und Karystos sind die meistbesuchten Erholungsorte Euböas. Hotels mit der fremden Bezeichnung »Beach«, Villen und eilig errichtete Häuser überziehen die Küste und nehmen jedes Jahr Tausende von Griechen und Fremden auf. Das übrige Euböa, der vielleicht schönste Teil, ist noch unbekannt und nicht erschlossen, da Straßen und touristische Einrichtungen fehlen. Nur im Nordwesten, um das bekannte Heilbad Edipsos, hat in der letzten Zeit eine rasche Entwicklung eingesetzt. Wer Ruhe und ein natürliches Leben liebt, findet

auf Euböa eine Vielzahl von Gegenden wie sonst nirgends in Griechenland. Endlose Wälder und unbetretene Strände erstrecken sich an seiner Nordseite von Mantudi bis Istiea und von Limni bis Edipsos. Zauberhafte Landschaften und geschützte Buchten mit eindrucksvollen Höhlen am Meer, die nur von Schwärmen der Wildtauben bewohnt werden, zusammen mit einer wuchernden Vegetation bestimmen den unbekannten Teil Euböas, der noch für die Freunde des Abenteuers bestimmt ist.

Die Einwohner arbeiten hauptsächlich in der Landwirtschaft, mit Ausnahme der Gegend um Chalkis, wo einige tausend Arbeiter in der Industrie tätig sind.

Von archäologischem Interesse ist nur das Gebiet des antiken Eretria. Der bedeutendste Fund »Theseus und Antiope«, eine archaische Giebelgruppe aus dem 5. Jahrhundert, ist im kleinen Museum von Chalkis ausgestellt. Im Theater, das am Hang eines Hügels liegt, ist ein Teil der Skene (das Bühnenhaus) erhalten, die mit der Orchestra durch eine Säulenhalle verbunden ist. Für den Besucher, der handgreiflichere archäologische Zeugnisse sucht, gibt es im kleinen Museum von Eretria mehrere sehr schöne panathenäische Amphoren, verschiedene Keramiken und Bronzegegenstände; mehrere Reliefs sind im Garten ausgestellt.

Das bedeutendste Denkmal aus der Zeit der Venezianer auf Euböa ist die mittelalterliche Burg von Karystos (auf einem Hügel, drei Kilometer von der Stadt entfernt) und die Hafenfeste, in die mehrere Reliefs aus römischer Zeit eingemauert sind. Karystos hatte sich zu Ende des vergangenen Jahrhunderts zu einem bedeutenden Hafen mit großem Export entwickelt. Diese Blütezeit erkennt man an der sorgfältigen Stadtlage und den geschmackvollen klassizistischen Gebäuden, die die Straßen säumen. Heute beeindruckt vor allem das lärmende Treiben am Kai, der täglich von einer bunten Flotte von Schifferbooten besetzt ist. Um Euböa wirklich kennenzulernen, muß man in die noch unerschlossenen Landesteile vordringen, in denen noch keine Asphaltstraßen gebaut wurden.

Wie es viele Athener gibt, die noch nie auf die Akropolis gestiegen sind, viele Pariser, die noch nicht den Louvre besucht haben und viele Römer, die noch nie die Sixtinische Kapelle gesehen haben, gibt es viele Ägäis-Reisende, die die Inseln des Saronischen Golfs nicht kennen. Die Rechtfertigung ist immer

◁ *Im Herzen der Berge von Chios, auf Granitfelsen erbaut, liegt Anavatos: Seine zerfallenen, turmähnlichen Häuser sind seit langer Zeit weitgehend verlassen. Nur noch ein Pope und ein paar ältere Dorfbewohner leben in der Bergeinöde.*

▽ *Von dem Hafenviertel Turkolimano in Piräus hat man einen weiten Blick über das Meer und auf die im Yachthafen liegenden Segel- und Motorboote. In den zahlreichen, dicht am Meer gelegenen Restaurants werden Fischspezialitäten serviert, die, frisch zubereitet, zu den vielen griechischen Gaumenfreuden zählen.*

37

△ *Eine kleine Meerenge trennt die Insel Euböa von Griechenland. Bereits im Altertum verband eine Brücke das böotische Festland mit dem Inselreich. Heute rollt über eine moderne Stahlbrücke (Euripos-Brücke) der Verkehr zur Hafen- und Hauptstadt Chalkis. Von der einst antiken Metropole der Insel ist heute nicht mehr viel übriggeblieben: Eine moderne City empfängt den Neuankommenden, der jedoch abseits der Hauptstraßen, im Inselinneren, noch schöne, reizvolle Landschaften entdecken kann.*

◁ *Eine venezianische Festung im Hafen von Karystos im Süden von Euböa.*

▷ *Ägina, eine der Inseln vor den Toren Athens im Saronischen Golf, ist ein beliebtes und attraktives Wochenendziel der Festlandgriechen geworden. Hier der malerische Hafen von Ägina, der die Inselbesucher empfängt.*

dieselbe: »Es sind zwei Schritte von Athen, sie laufen einem ja nicht weg.« So schiebt man den Besuch immer auf. Außerdem schreckt die Nachbarschaft der Hauptstadt. »Sie sind keine richtigen Inseln. Am Wochenende werden sie von den Athenern heimgesucht und man findet keinen Stuhl zu Sitzen. Um zu empfinden, daß man auf einer Insel ist, braucht man auch etwas Ruhe. Man darf sich da nicht auf die überladenen Linienschiffe drängen, ohne zu wissen, wo man ißt und schläft.« Solche Argumente enthalten sicherlich etwas Wahres. Die Inseln sind stark besucht, und die Fahrpläne der Schiffe unterscheiden sich nicht von denen der Stadtbusse. Oft braucht man weniger Zeit, um nach Ägina oder Poros zu fahren, als zu den Spitzenzeiten des Verkehrs Athen zu durchqueren. Aber diese Inseln haben einen anderen Vorzug. Es sind kleine Inseln, die der Tourismus erst in den letzten zwanzig Jahren entdeckt hat. Sie waren von jeher stark besucht, und der Ansturm fand sie nicht unvorbereitet. Er kam, ohne ihren Lebensrhythmus zu berühren und ohne sie zu ändern. Auf anderen Inseln gibt es keine Autos, und das betrachten alle als Nachteil. Auch auf Hydra und Spetses ist es verboten, Autos an Land zu bringen, aber niemand protestiert dagegen. Im Gegenteil, man empfindet es als Gewinn, weil die Menschen hier ohne Autos leben können, ohne das Gefühl zu haben, rückständig zu sein. Auf welcher Insel hat man schon das Glück, von Abgasen unbelästigt zu sein und anstelle von Gehupe das rhythmische Klingeln der Glöckchen an den Wagen und den Galopp der Pferde auf den Straßen zu hören? Und auf welcher Ägäis-Insel wird das ausdauernde Maultier als Beförderungsmittel benutzt, ohne Dekorationsstück einer organisierten Folklore zu sein.

Ägina

Die Fähren, die Piräus mit Ägina verbinden, brauchen etwas mehr als eine Stunde, um bei der charakteristischen weißen Zwillingskirche anzulegen, die den Eingang zum Hafen hütet. Es gibt auch schnellere Schiffe, die die Strecke in kurzer Zeit zurücklegen. Wenn man seinen Fuß an Land setzt, entdeckt man mit Überraschung, daß dieser nächste Inselvorort der Hauptstadt einen eigenen Lebensrhythmus hat. Der Hafen ist von den leuchtenden Farben der Boote erfüllt, und wenn man auf die Hafenstraße tritt, findet man neben dem Taxistand den Droschkenplatz. Die Pferde sind mit Gehänge aller Art geschmückt und die Wagen mit bunten Volksmotiven bemalt. Das ganze Leben der Stadt, die nicht mehr als 6000 Einwohner hat, ist auf den malerischen Hafen konzentriert. Die Erdgeschosse der alten herrschaftlichen Häuser sind in hübsche Tavernen und Cafés umgestaltet, in denen unter den breiten schattigen Markisen während des ganzen Tages Fremde und Einheimische bewirtet werden, die ihren Kaffee genießen und gewöhnlich die schmackhaften Pistazien aus Ägina knacken. Die Häuser sind in lebhaften Farben bemalt und die Geschäfte bieten das hübsche Bild, dem man in allen Landstädtchen begegnet: Produkte jeder Art sind in kunstvoll aufgebauten Pyramiden aufeinandergeschachtelt, und man fragt sich, wie es der Geschäftsinhaber anstellt, ein Stück wegzunehmen, ohne daß der Rest zusammenstürzt. Keramikwaren, die ich häufig vergeblich auf den Inseln mit großer Tradition, wie Sifnos, gesucht habe (nahezu alle Werkstätten sind dort verlassen), werden auf Ägina in einer Vielfalt und Qualität angeboten, die sich mit dem Eindringen des Plastikmaterials nicht geändert hat. Die Fahrt zum Aphaia-Tempel ist eine der erfreulichen Überraschungen, die die Insel für den Besucher bereithält. Wenn man Zeit und Lust hat, lohnt es sich, einen Wagen zu mieten, und das Reich des Aiakos [des mythischen Insel-Heros – Anm. d. Ü.] aufzusuchen. Auf diese Weise hat man Gelegenheit, mit Muße die abwechslungsreiche Landschaft zu genießen. Man versteht nicht, wie es möglich ist, diese unberührte, natürliche Umwelt in so naher Entfernung von Athen zu finden. Nach einem Weg durch Pistazienpflanzungen, Ölbaumhaine und Obstgärten geht es langsam zu dem berühmten Heiligtum von Ägina, das auf einem kiefernbestandenen Hügel von unübertroffener Schönheit errichtet ist, ringsum mit Blick aufs Meer. Ägina hat eine lange und berühmte Geschichte. Der Mythos berichtet uns, daß sein erster König Aiakos war, der Sohn des Zeus und der Aigina. Sein Volk nannte sich Myrmidonen. Er hatte zwei Söhne, Peleus und Telamon, deren Nachkommen die berühmten homerischen Helden Ajax und Achilleus waren. Im 10. Jahrhundert kamen die Dorer. Ägina wurde Zentrum einer kleinen Amphiktyonie (Bund), die viele Nachbarstädte und Inseln umfaßte. In der folgenden Zeit bauten die Ägineten eine bedeutende Handelsflotte auf. Ihre Seeleute wurden als die besten der Ägäis angesehen, sie fuhren bis nach Ägypten und Italien. Sie nahmen an der Seeschlacht von Salamis mit fünfzig Schiffen teil und zeichneten sich durch ihre Tapferkeit aus. Allmählich empfanden die Athener die kleine Insel, die sich vor den Toren von Piräus befand, jedoch als Dorn im Auge und sie warteten auf die Gelegenheit, sich ihrer starken Konkurrenten zu entledigen. Sie ergab sich im Jahr 455 v. Chr., als die athenische Flotte die äginetische in einer Seeschlacht vernichtete und die Athener nach einer harten Belagerung die Hauptstadt Äginas einnehmen konnte. Die Strafmaßnahmen der Athener waren hart. Sie zerstörten die Befestigungen der Insel und, da sie sich immer noch nicht genügend sicher fühlten, vertrieben alle Einwohner im Jahr 431 und siedelten an ihrer Stelle athenische Kolonisten an. Nach diesen Ereignissen kam

Wie viele antike Tempel – nicht zuletzt auch spätere christliche Kirchen –, steht der Aphaia-Tempel von Ägina auf den Fundamenten älterer Heiligtümer bis zurück zu steinzeitlichen Kultstätten.
Die berühmten Giebelskulpturen des Tempels – seit 1813 im Besitz der Münchner Glyptothek – kennzeichnen den Übergang von der archaischen zur frühklassischen Plastik. 140

△ *Die kleine Insel Poros im Saronischen Golf wird nur durch eine schmale Meerenge, griechisch Poros, von dem peloponnesischen Festland getrennt, die der Insel ihren Namen gab. Unser Bild zeigt den Hafen und Hauptort von Poros mit seinen schachtelartig an den Hügel gebauten Häusern.*

▷ *Hydra gehört mit zu den Wochenend-Inseln der Athener. Die Hafenstadt, die sich rings um die Bucht hangaufwärts ausdehnt, überrascht den Ankommenden durch ihre vielfältige Architektur: Bürgerhäuser, bunte Geschäftshäuser am Markt und zahlreiche Herrenhäuser aus dem 19. Jahrhundert gestalten das Ortsbild.*

das antike Ägina nie mehr zu Kräften. Als nach dem Sieg der Spartaner im Peloponnesischen Krieg ihre Einwohner wieder zurückkehren konnten, hatten sich die politischen Verhältnisse von Grund auf geändert. So konnte es in den folgenden Jahrhunderten nur mehr eine Komparsenrolle spielen. Der Aphaia-Tempel, der zu den besterhaltenen und interessantesten Beispielen der frühklassischen Architektur gehört, wurde um 500 v. Chr. errichtet. Wie sein Name sagt, war er anfangs Aphaia, der Inselgöttin, geweiht. Nach der Einnahme Äginas durch die Athener trat Athene an ihre Stelle. Die berühmten Giebelfiguren wurden 1811 von einer der unzähligen Expeditionen, die Griechenland heimsuchten, um Altertümer zu sammeln, ausgegraben. Sie befinden sich seit damals in der Münchner Glyptothek. Von der antiken Stadt Ägina, die eines der größten Theater Griechenlands besaß, ist heute fast nichts mehr erhalten. An das Heiligtum der Aphrodite, das einige hundert Meter links vom Hafen liegt, erinnert eine einzige zerbrochene Säule ohne Kapitell: trauriges Überbleibsel einer Stadt, die einst mit dem mächtigen Athen wetteiferte.
In den dunklen Jahren des Mittelalters wurde Ägina zunächst von sarazenischen Freibeutern und in der Folge von einer Unzahl Piratenflotten, die damals im Mittelmeer kreuzten, zerstört. Um sich vor den Einfällen zu schützen, gründeten die Einwohner im Innern eine befestigte Stadt, Paleochora, deren Trümmer man sieht, wenn man zum Aphaia-Tempel fährt; sie wurde zweimal zerstört. Als sich die Bewohner Äginas später eine eigene Piratenflotte geschaffen hatten (die Chronisten schreiben, daß die Ägineten im Entern von Schiffen besonders geschickt waren), bauten sie ihre zerstörte Stadt als Zufluchtsstätte wieder auf. Paleochora wurde bis zum Jahr 1800 bewohnt. Nach dem Ende der Piratenzeit kehrte die Bevölkerung wieder an die Küste zurück und gründete das neue Ägina an der Stelle der antiken Stadt. Dreißig Jahre später wurde Ägina zur ersten Hauptstadt des befreiten Griechenland ausgerufen. Sie war nach Hermoupolis auf Syros die größte Stadt des Landes mit 7000 Einwohnern.

Poros

Poros ist die zweite Insel, der man begegnet, wenn man auf der Schiffslinie des Saronischen Golfs fährt. Sie liegt nah an der Küste der Peloponnes und wird vom gegenüberliegenden Festland durch eine schmale Meerenge getrennt, die man in wenigen Minuten mit einem kleinen Boot überqueren kann. Schon lange diente Poros als Sommerfrische der wohlhabenden Athener. Sein wunderbares Klima und die kiefernbestandenen Küsten waren der Traum der Einwohner der Hauptstadt. Außerhalb des malerischen Hafens sind Hunderte von Villen mit großen Gärten verstreut. Die Häuser verlieren sich im Grünen und die unzähligen sandigen Buchten sind Refugien der Ruhe. Das Leben konzentriert sich am Abend auf den Hafen und das gegenüberliegende Galatas, wo es viele Tavernen gibt, die wegen ihrer Fischgerichte bekannt sind. Von Galatas aus können die archäologisch Interessierten in wenigen Minuten die Ruinen des alten Troizen besuchen, die Naturliebhaber den in seiner Ausdehnung einmaligen Zitronenwald, dessen Aroma im Frühjahr die ganze Umgebung erfüllt.
In der Antike wurde Poros Kalaureia genannt. Es war Mitglied der Amphiktyonie von Ägina. Die Stadt spielte niemals eine bedeutende Rolle. Der Apollon-Tempel, von dem nur die Fundamente erhalten sind, bleibt in der Geschichte durch den tragischen Tod des berühmten Redners Demosthenes bekannt, der von den Makedonen gejagt, dorthin flüchtete und mit Gift Selbstmord beging.

Hydra

Hydra ist eine der beliebtesten Inseln Griechenlands. Bis 1955 war es ein Platz für Maler und Intellektuelle, die in dem farbigen Hafenort eine ideale Eremitage fanden. Ein amerikanischer Filmproduzent, der sich in Griechenland aufhielt, war vom malerischen Aussehen bezaubert und drehte im folgenden Jahr einen Film mit Sophia Loren (»Das Kind und der Delphin«), der ein Welterfolg wurde. Hydra erschien in der ganzen Welt auf der Kinoleinwand und wurde, wie nicht anders zu erwarten, die bekannteste griechische Insel. Wie ein Amphitheater auf zwei Hügeln gelegen, mit seinen bunten mehrgeschossigen Herrenhäusern, gleicht der Ort eher einem Gemälde. Das einzige Beförderungsmittel in den ansteigenden gepflasterten Gassen waren Maultiere. Sie warteten geduldig darauf, die Reisenden auf die höher gelegenen Viertel zu tragen. Viele prophezeiten damals, daß die Insel nach wenigen Jahren durch den Massentourismus ihren ursprünglichen Charakter verlieren würde. Die Zeit widerlegte sie aber. Niemals kamen Autos auf die Uferstraße und das Aussehen der Siedlung blieb unverändert. Die meisten Häuser Hydras wechselten ihren Besitzer, aber dieser Wechsel wirkte sich für die Erhaltung des Stadtbildes nicht ungünstig aus. Ganz im Gegenteil, er bewahrte die alten herrschaftlichen Häuser, die schon seit einer Reihe von Jahren verlassen waren und zu verfallen drohten, vor der Zerstörung. Ihre neuen Besitzer, wohlhabende Athener und Fremde, ließen sie mit Sorgfalt restaurieren, und so ist Hydra zusammen mit Patmos heute die am besten erhaltene alte Siedlung.
Diese steinige Insel, die Herodot und Pausanias erwähnen, wurde vor dem 15. Jahrhundert nicht systematisch besiedelt.

Der Hauptort von Hydra stellt im Vergleich zur Insel, die felsig, karstig und ungastlich wirkt, einen Kontrast dar: Mit seinen bunten Häusern, Mauern und vielen Treppen wirkt er einladend und anziehend, so daß schon mancher Besucher sein Domizil für immer dort aufgeschlagen hat. 14▸

Der wasserlose und völlig unfruchtbare Boden erlaubte keinerlei landwirtschaftliche Nutzung. Die ersten, die beschlossen Hydra zu besiedeln, waren Flüchtlinge vom Peloponnes, von Rumeli (griech. Festland) und Epirus, die dorthin flüchteten, um den Verfolgungen der Türken zu entkommen. Da sie keine andere Möglichkeit hatten, ihre Existenz zu sichern, verlegten sie sich auf Piraterie, die damals im ägäischen Raum weit verbreitet war und erwarben sehr schnell eine starke Flotte. Als Festlandbewohner gaben die Einwohner der Stadt, die sie bauten, ein völlig anderes Aussehen, als man es auf den Nachbarinseln der Ägäis trifft. Die Form der Häuser zeigt nähere Verwandtschaft zu den Häusern des Epirus und der Peloponnes. Das rührt daher, daß die Baumeister vom Festland kamen. 1770, nach der mißglückten Erhebung der Griechen, kamen neue Flüchtlinge auf die Insel, und die Bevölkerungszahl von Hydra erreichte fast 25000. Diese Zahl war übermäßig hoch für einen Ort, der nichts produzierte. Die große Flotte jedoch sicherte allen den Lebensunterhalt und brachte darüber hinaus einen Reichtum an Gold auf die Insel, der in wenigen Jahren zur Hauptstütze des griechischen Aufstands wurde. Die Piraten des 18. Jahrhunderts wurden zu Kämpfern. Die großen Kapitäne der Flotte, Kunturiotis, Miaulis, Vulgaris, Kriezis, Tobasis und andere stellten ihr ganzes Vermögen für den Kampf zur Verfügung und zeichneten sich im Seekampf so aus, daß ihr Ruhm sich in ganz Europa ausbreitete. Nach der Befreiung Griechenlands erreichte die Stadt Hydra nicht mehr ihre alte Blüte. Die Piraterie hörte auf, die Reichtümer waren erschöpft und der arme, neugebildete Staat konnte die Schiffsherren nicht entschädigen. Der Admiral Miaulis weigerte sich im Jahr 1828 mit einer dramatischen Geste, seine Schiffe dem russischen Vertreter der Großmächte zu unterstellen: er verbrannte die Flotte bei Poros und besiegelte damit die Seefahrtsgeschichte der Insel.

Die Herrenhäuser der Tobasis, Kunturiotis, Vuduris usw. geben dem heutigen Besucher einen Eindruck von dem kurzen, aber so kraftvollen Leben Hydras in den vergangenen Jahrhunderten. In der Umgebung der Stadt gibt es schöne Plätze und reine Strände, an denen man sich mit Muße erholen kann. Hydra ist eine Ausnahme unter den griechischen Inseln. Während viele mit der Entwicklung des Tourismus ihr Aussehen verändert haben, geschah bei Hydra das Gegenteil. Es wurde endgültig gerettet.

Spetses

Die Nachbarinsel Spetses, dicht an der Küste der Peloponnes, hat die gleiche Geschichte und das gleiche Geschick wie Hydra. Jahrhundertelang war sie unbedeutend und trat im 18. Jahrhundert plötzlich als Seemacht auf. Auch Spetses stellte seine Flotte für den Befreiungskampf zur Verfügung. Es hatte eine bedeutende Kämpferin aufzuweisen, die Kapitänin Bubulina, deren Name zur Sage wurde. Spetses ist nur siebeneinhalb Kilometer breit. Es hat Stellen mit reicher Vegetation und sein Boden ist sehr fruchtbar. Als Insel der Besitzenden wie Hydra hat es sein klassizistisches Kolorit bewahrt. Man kann viele Herrenhäuser mit kunstvoller Ausschmückung bewundern und Höfe mit Mosaiken, die aus bunten Meereskieseln gefertigt sind. Auf seinen Straßen gibt es nur Pferdewagen und Fahrräder. Dank der Beharrlichkeit der Einwohner bleiben die Autos auf der gegenüberliegenden Küste der Peloponnes, die keine 500 Meter entfernt ist. Spetses ist eine Oase der Ruhe für die Sommergäste und die Bewohner.

Salamis

Oft hört man, daß die welthistorische Seeschlacht von Salamis die griechische Kultur gerettet habe. Aber heute wird die Insel des mythischen Ajax nur selten in den Reiseführern erwähnt. Die Schiffe, die aus dem Hafen von Piräus ausfahren, lassen sie rechts liegen, nur wenige Touristen werfen einen Blick auf sie. Tatsächlich wird Salamis heute von Dutzenden von Schiffen verdeckt, die seine Küste zum Ankern benutzen. Es lohnt sich aber, Salamis aufzusuchen, auch wenn man wenig Zeit hat. Bevor die explosionsartige Zunahme der Bevölkerung die Hänge der Insel in formlose Siedlungen verwandelte, war sie eine Quelle der Erholung für die Einwohner der Hauptstadt. Die kleinen Boote brachten am Wochenende Tausende von Ausflüglern hinüber, die im Freien ihre Decken ausbreiteten und sich am Meer und den malerischen Dörfern der Insel erfreuten. Heute sind Paloukia, Ambelakia, Moulki und Kamatero von Betonbauten erstickt und das Meer von den ankernden Schiffen abgeschlossen. Wenn man jedoch etwas weiter geht, kann man das Kloster Phaneromeni mit seinen schönen Wandmalereien finden, die Kirche Aghios Nikolaos, versteckt in einem Kiefernwald, der bis zur Küste der Jäger, nach Kanakia, herabreicht. Wenn man die weit entfernten Inseln der Ägäis erforscht, wäre es unrecht, Salamis zu übergehen. Nur kurze Zeit braucht man von Athen, um dort ein Glas Ouzo zu trinken und sich von der Ägäis zu verabschieden.

Am Ende der Reise

Das Ende einer Rundfahrt in den Meeren Griechenlands müßte Ithaka sein: Symbolische Rückkehr des Lesers, der wie Odysseus nach seiner Irrfahrt durch die griechische Inselwelt einen vertrauten Platz findet, um dort über die Fahrt zu berichten. Ich habe jedoch Lefkas als letzte Station ausgewählt, eine andere Insel des Ionischen Meeres, nur wenige Meilen von der Heimat des Odysseus entfernt: die Insel, die ihren historischen Ruhm jenem Todessprung der berühmten Dichterin von Lesbos, Sappho, verdankt: Sie beendete ihr Leben spektakulär, indem sie sich siebzig Meter vom Kap Lefkata ins Meer stürzte. Der berühmte deutsche Archäologe Dörpfeld, der dort Ausgrabungen durchführte, identifizierte Lefkas mit dem homerischen Ithaka, weil die Funde der Zeit entsprächen und die Landschaft den Beschreibungen der Odyssee. Seine Annahme hat sich nicht bestätigt, er selbst aber bat darum, auf Lefkas begraben zu werden, das für ihn das mythische Ithaka darstellte; und so geschah es.

Ich möchte nicht den Anspruch Ithakas als der rechtmäßigen Heimat von Odysseus bestreiten, aber wenn ich an seiner Stelle gewesen wäre, hätte ich sicherlich Lefkas als Heimat ausgewählt. Nachdem ich alle griechischen Inseln besucht habe, empfinde ich, daß dieser Ort, der den meisten unbekannt ist, eine natürliche und menschliche Wärme besitzt, die zur Rückkehr einlädt.

Vom griechischen Festland wird Lefkas durch eine Meerenge getrennt, die an der schmalsten Stelle nicht mehr als fünfzig Meter beträgt. Genau dort empfängt den Ankömmling die eindrucksvolle Festung Aghia Mara, die der Insel in der Zeit der Venezianerherrschaft ihren Namen gegeben hatte. Wenn man mit der Fähre auf die andere Seite übersetzt, kann man noch nicht sagen, daß man sich wirklich auf der Insel befindet. Die Straße, die zur Stadt Lefkas führt, ist nämlich ein schmaler Streifen Erde, mit der Meerenge zur Linken und rechter Hand einer seichten Lagune, die durch eine lange, sandige Landzunge begrenzt wird. Dieser natürliche Damm der Lagune, den die Einheimischen Jira nennen, weil er einen Kreisbogen (griech. jiros) von drei Kilometern macht, bevor er sich mit dem Land vereinigt, ist einer der schönsten und freundlichsten Strände Griechenlands. Im Sommer, wenn das ganze Land vor Hitze brennt, weht dort eine erfrischende Brise, die es den Badenden erlaubt, die Sonne zu genießen, ohne auch nur für kurze Zeit in den Schatten fliehen zu müssen.

Die Stadt Lefkas gleicht einer Miniatur, weil sich die modernen Bauten noch nicht breit gemacht haben. Die Häuser, die die engen Straßen einrahmen, sind aus Holz. Ihre Fassaden sind mit Blechplatten verkleidet, die in lebhaften Farben bemalt sind. Von dieser Regel weicht nicht einmal das einzige bessere Hotel der Stadt ab, »Santa Maura«, das alle Annehmlichkeiten bietet außer Ruhe, da man sich wegen mangelnder Isolierung die Gespräche der Mitbewohner anhören muß.

Die äußeren Charakteristika würden Lefkas den typischen »tristen Provinzstädten« zuordnen, die in trotziger Isolierung von der übrigen Welt leben, wenn seine Einwohner nicht ein besonderes Empfinden für Humor hätten. Diese Eigenart wird hier von Generation zu Generation weitergegeben. Die Jungen gehen bei den Alten in die Lehre, um in die Geheimnisse dieses Humors eingeweiht zu werden; man hört auch niemals, daß sie sich mit ihren wirklichen Namen ansprechen, sondern nur mit Spitznamen.

»Belemes«, »Pallas«, »Mutrukalis« sind einige der Treffpunkte der Einheimischen. Im ersten probiert man »Phrigadelia« (eine örtliche Spezialität, die zum Wein gegessen wird), im zweiten die Mandelmilch und im dritten am liebsten »Galatobureko«, eine Cremeschnitte; und wenn es Sommer ist, kann es sein, daß man bis zum Morgen sitzt und redet. Feste Zeiten gibt es hier nicht.

Diese scheinbar sorglose Lebensart hindert die Einwohner nicht, wirklich kreativ zu sein. Sie finden Zeit, sich in kulturellen Vereinigungen zu betätigen, in Chören und in ihrer Stadtkapelle. Vor allem gelingt es ihnen, jedes Jahr ein vierzehntägiges Folklore-Festival zu organisieren, zu dem sie eine große Zahl von Laien-Ensembles aus der ganzen Welt einladen. Für eine Stadt von nicht einmal sechstausend Einwohnern geht das eigentlich über ihre Verhältnisse. Der zentrale Platz und die venezianische Burg werden zu Freilichttheatern umgestaltet. An jedem Abend der beiden ersten Augustwochen strömen die Einwohner zu den Plätzen, auf denen die Veranstaltungen stattfinden: literarische Vorträge, Theatervorstellungen, Tanzaufführungen und Konzerte. Das Fehlen von Hotels hindert sie nicht, Hunderte von Gästen aufzunehmen. Die Häuser stellen die freien Zimmer zur Verfügung, und die Schulen nehmen das Aussehen eines friedlichen Heerlagers an. Dieses Festhalten an der Tradition ist die größte Tugend der Einwohner von Lefkas. Sie wollen die Schönheit ihrer Insel auf eigene Rechnung erhalten und betrachten mißtrauisch das Eindringen des Tourismus. Vielleicht ist Lefkas der einzige Platz in Griechenland, wo sich die Menschen weigern, ihre Gewohnheiten zu ändern, und zwar nicht aus Rückständigkeit, sondern aus der Überzeugung, daß man Lebensfreude in der Einfachheit und im vertrauten Gespräch findet. Lefkas ist eine Insel ohne Komfort, ohne Hotels und noch ohne Ruhm. Man begegnet aber einer menschlichen Wärme, die bewirkt, daß man sich heimisch fühlt.

Die Küstenstraße um die Insel ist noch nicht fertiggestellt. Die unerschlossene Seite verbirgt eine Landschaftsvielfalt, wie man sie selten findet. Die Strände sind einmalig in ganz Griechenland. Wenige hatten das Glück, die Gegend von Ai-Nikitas, Porto-Katsiki, Kathisma (dieser herrliche Strand wurde so genannt, weil die Sonne bei ihrem Untergang den Eindruck erweckt, als ob sie unbeweglich ruhe), den wilden Felsen von Lefkata und den Golf Sibota kennenzulernen. Die bekannteste Seite des Golfes von Vlychou ist die Stelle, die Dörpfeld für die Heimkehr des Odysseus ausgesucht hat. Sie ähnelt dem phantastischen Bild eines romantischen Malers. Es ist eine ganz grüne Gegend mit typisch griechischer Vegetation. Zypressen, sehr hohe, uralte Ölbäume, Kiefern und duftende Sträucher wachsen bis zum Meer herab, das von einer einzigartigen Gruppe kleiner Inseln bekränzt wird: Sparti, Maduri und Skorpios, geliebte Eremitage und letzter Wohnsitz des bekannten Reeders Onassis. Hier findet man das seltene Gefühl der Ruhe, das wenige Plätze bieten können. Sie ist das Geschenk von Lefkas, und deshalb habe ich die Insel als letzte Station der griechischen Rundfahrt ausgewählt. Sie hat eine Einfachheit, die den Traum nicht verrät. Ohne Hintergedanken wird sie dargeboten wie ein Glas Wein im »Beleme« oder ein Sonnenuntergang im Ionischen Meer. Hoffen wir, daß der Gott des Tourismus ihr gegenüber Erbarmen zeigt und diesem Platz nicht seinen kreativen Humor nimmt, der seine Seele ist. Immer wird man einen Ort brauchen, zu dem man zurückkehren kann, und man ist froh zu wissen, daß dieser Ort da ist, bereit, einen zu empfangen.

Von diesem steilen Felsen Leukadas auf der Insel Leukas – die Einheimischen nennen ihn Kavostis Kyras (Frauenfels) – soll sich der Sage nach die Dichterin Sappho ins Meer gestürzt haben, aus Kummer darüber, daß ihr Geliebter Phaon sie verlassen hatte.

Stichwortregister

Gerade Zahlen verweisen auf Texte und Bildlegenden, kursive auf Abbildungen.

Albanien
Jugoslawien
Prespa-Seen
Makedonien
Pella
Naoussa
Vermion
Veria
Kastoria
Aliakmon
Siatista
Golf
Olymp
Epirus
Pindos
Zagoria
Monodendrion
Metsovon
Meteora
Kalambaka
Tempe-Tal
Ambela
Pinios
LARISSA
Kerkyra
Kerkyra
(Korfu)
Ioannina
Dodona
Igoumenitsa
Parga
Acheron
Arachthos
Thessalien
Paxi
Paxi
Arta
Kassopi
Nikopolis
Ambrakischer Golf
Prevesa
Lamia
Chora
Lefkas
(Leukas)
IONISCHES MEER
Parnaß
Delphi
Itea
Ithaka
Assos
Vathy
Messolongion
Nafpaktos
G.v. Itea
Hosios
Sami
Kefallonia
Krane
Golf v. Korinth
PATRAS
Killinis
Andravida
Kalavrita
Chlemoutsi
Stymphalia
Nemea
Zakynthos
Keri
Zakynthos
Olympia
Peloponnes
Mainalon
Mykene
Argos
Tiryns
Dimitsana
Alphios
Mantineia
Gortys
Karitena
Tripolis
Bassae
Phigalia
Megalopolis
Ithomi
Taygetos
Sparta
Kalamata
Mistra
Eurotas
Pilos
Lakonien
Methoni
Krokee
Mani
Gythion
Kotronas
Pirgos
Lakonischer Golf
Mezapos
Elafonissos
Kapsali
Kreta
Karpathos
Pighadia
Kasos
Chania
Rethymnon
Arkadi
Heraklion
Mallia
Spinaloga
Weiße Berge
Samaria-Schl.
Berg Ida
2456
Knossos
Lassithi Hocheb.
Sitia
Paleochora
Aghia Rumeli
Sfakia
Aghia Triada
Gortyn
2148
Gurnia
Zakros
Phaistos
Matala